RETRAITE ANTICIPÉE

RETRAITE ANTICIPÉE

Les stratégies gagnantes pour quitter votre emploi plus tôt.

Mike M. Miller
Date de publication : avril 2023

Couverture : PodToDigital

Ivy Édition : https://www.instagram.com/ivyedition/

Mike M. Miller

RETRAITE ANTICIPÉE

Les stratégies gagnantes pour quitter votre emploi plus tôt.

TABLE DES MATIERES

Introduction

Ce guide concerne l'**Early Retirement,** un concept souvent mal compris et mal traduit en France. Il ne s'agit pas simplement de prendre une retraite anticipée, mais plutôt de devenir un "Nouveau Bienheureux", comme décrit par Tim Ferriss dans son livre "La Semaine de 4 heures". Il ne s'agit pas uniquement de partir en retraite à 59 ans au lieu de 62 ans. Il s'agit d'une stratégie permettant de générer des revenus passifs suffisants et de mettre en place des business rentables, de sorte à pouvoir quitter le marché du travail à un âge relativement jeune, avec sérénité et tranquillité.

C'est pour cette raison que nous utiliserons le concept "Early retirement" au lieu de "retraite anticipée", afin de ne pas créer de confusion dans votre esprit et celui du plus grand nombre. Au moment où nous rédigeons ces lignes, des grèves et manifestations ont lieu en France pour s'opposer au projet d'augmenter l'âge de départ à la retraite de 62 à 64 ans. Cependant, nous souhaitons aller encore plus loin que cette problématique particulière.

L'Early Retirement n'est pas une retraite anticipée en raison de la fatigue, mais plutôt une transition vers une vie sereine, grâce à une planification et une discipline rigoureuse. Ce concept a été popularisé aux États-Unis par Monsieur Mustache. En adoptant une approche positive et bienveillante, nous pouvons explorer les différentes stratégies permettant d'atteindre l'Early Retirement et de vivre une vie plus satisfaisante et épanouissante.

Avant de poursuivre votre lecture, vous êtes invités à répondre aux questionnaires qui se trouvent à la page 73 du livre.

Qu'est-ce que le "Early retirement" ?

"Early retirement", ou retraite anticipée en français, est un concept qui a émergé il y a plusieurs décennies et qui gagne en popularité dans le monde entier. L'idée de prendre sa retraite avant l'âge légal de départ à la retraite traditionnelle est motivée par une volonté de liberté et d'indépendance financière.

Les origines du concept du "Early retirement" remontent aux années 1950, lorsque les employés de grandes entreprises américaines ont commencé à bénéficier de pensions généreuses. À l'époque, les salariés de ces entreprises étaient encouragés à travailler pour une même entreprise pendant des décennies, recevant en retour une sécurité financière pour leur retraite. À cette époque, prendre sa retraite avant l'âge de 65 ans était considéré comme un privilège réservé aux dirigeants et aux cadres supérieurs.

Cependant, au cours des années 1980, la situation a commencé à changer. De plus en plus d'entreprises ont commencé à remplacer les régimes de retraite traditionnels par des plans de retraite basés sur des cotisations, telles que les 401(k) aux États-Unis. Cela signifie que les travailleurs ont été responsabilisés pour leur propre épargne-retraite, en devenant de plus en plus conscients de la nécessité de planifier et d'épargner pour leur propre avenir financier.

Le mouvement du "Early retirement" a commencé à prendre de l'ampleur dans les années 1990, grâce à un livre publié en 1992 par Vicki Robin et Joe Dominguez, intitulé "Your Money or Your Life". Ce livre est devenu une référence pour de nombreuses personnes cherchant à atteindre l'indépendance financière et à vivre de manière frugale pour atteindre leur objectif de retraite anticipée. Le livre a inspiré une nouvelle génération de personnes à repenser leur relation à l'argent et à la consommation, et à envisager de vivre de manière plus simple afin d'atteindre la liberté financière.

Le mouvement du "Early retirement" n'est pas propre à un pays en particulier, mais il est vrai que certains pays ont des cultures de travail et de retraite très différentes. Aux États-Unis, le mouvement a pris de l'ampleur en raison de la nécessité de planifier sa propre épargne-retraite, tandis qu'en Europe, où les systèmes de sécurité sociale sont plus généreux, le concept est moins répandu.

Le "Early retirement" est souvent associé à l'indépendance financière, qui est la capacité de vivre de ses propres investissements et revenus passifs plutôt que de dépendre d'un emploi traditionnel pour subvenir à ses besoins financiers. L'indépendance financière est considérée comme une étape cruciale pour atteindre la retraite anticipée, car elle permet à de nombreuses personnes de se concentrer sur la poursuite de leurs passions et leurs intérêts plutôt que sur la nécessité de gagner un salaire régulier.

Le mouvement du "Early retirement" est également lié à la **liberté financière**, qui est la possibilité de vivre de manière autonome, sans être contraint par des obligations financières ou des dettes financières. Cela permet aux personnes de réaliser leurs rêves et objectifs de vie sans être soumis aux contraintes financières. La liberté financière peut être atteinte grâce à l'**indépendance financière**, ce qui explique pourquoi les deux concepts sont souvent liés. Ces deux concepts sont toutefois différents avec des nuances.

Enfin, les **"side hustle business"** ou "petites entreprises à temps partiel" jouent un rôle important dans le mouvement du "Early retirement". Les side hustles sont des sources de revenus supplémentaires que les gens créent en dehors de leur travail régulier. Ces activités peuvent inclure la vente en ligne, la location de biens immobiliers, le coaching, le consulting, etc.

Les side hustles sont souvent utilisés comme un moyen de générer des revenus supplémentaires pour atteindre l'indépendance financière plus rapidement. Ils peuvent également être une source de passion et de plaisir pour les personnes cherchant à changer de carrière ou à explorer de nouvelles opportunités.

Et le FIRE ? (Financial Independance, Retire Early)

La tendance du "Financial Independence, Retire Early" (FIRE) ou l'indépendance financière et le départ à la retraite anticipée est un mouvement qui a gagné en popularité ces dernières années en France, comme dans de nombreux pays.

Le principe de base du FIRE qui est différent du "Early retirement'" est d'économiser et d'investir une grande partie de ses revenus afin d'atteindre l'indépendance financière le plus rapidement possible, souvent avant l'âge de 50 ans, voire plus tôt. Une fois l'indépendance financière atteinte, la personne est en mesure de quitter son emploi et de vivre des revenus générés par son portefeuille d'investissement.

Bien que le mouvement FIRE ne soit pas encore très répandu en France, il y a un nombre croissant de personnes qui s'y intéressent. Les raisons pour lesquelles certaines personnes sont attirées par cette idée peuvent varier, mais cela peut inclure la volonté de se libérer des contraintes liées à un travail salarié, le désir de plus de liberté et de flexibilité dans leur vie, ainsi que la recherche de sens et d'accomplissement personnel en dehors du travail rémunéré.

Cependant, le FIRE nécessite un haut niveau d'épargne et d'investissement, ainsi qu'une discipline financière stricte et une gestion prudente du risque. Cela peut ne pas être réalisable pour tout le monde.

Différence entre le FIRE et l'Early Retirement

Le mouvement FIRE (Financial Independence, Retire Early) est lié à l'idée de prendre sa retraite anticipée, donc il est parent au early retirement. La différence réside dans l'approche adoptée par les adeptes du mouvement FIRE.

Dans le cas du early retirement traditionnel, la personne travaille durant de nombreuses années, puis prend sa retraite anticipée quand elle le souhaite, en douceur. En souplesse. Dans le cadre du mouvement FIRE, la personne travaille durant une période de temps plus courte, mais avec l'objectif de parvenir à l'indépendance financière le plus rapidement possible, souvent avant l'âge minimum légal de départ à la retraite. Le pourcentage d'épargne ou d'investissement mensuelle recommandé dans le cadre du mouvement FIRE peut varier en fonction des objectifs de chaque personne, mais certains experts recommandent généralement d'épargner et d'investir environ **50 % à 70 % de ses revenus pour atteindre l'indépendance financière dans un délai raisonnable**.

Le mouvement FIRE met l'accent sur la maîtrise de ses finances personnelles, l'épargne et l'investissement agressif, avec pour objectif d'atteindre l'indépendance financière le plus rapidement possible. Une fois cet objectif atteint, la personne peut choisir de continuer à travailler ou de prendre sa retraite anticipée.

En résumé, le mouvement FIRE est lié au early retirement, mais il s'agit d'une approche plus proactive et agressive en matière de finances personnelles, visant à atteindre l'indépendance financière le plus rapidement possible afin de pouvoir prendre sa retraite anticipée et vivre de manière plus indépendante et autonome.

Dans cet ouvrage, nous n'aborderons pas les techniques et méthodes du mouvement FIRE.

Qui est Monsieur Mustache ?

Monsieur Money Mustache est le surnom d'un blogueur et entrepreneur américain du nom de Peter Adeney, né en 1975. Il est connu pour son blog "Mister Money Mustache" https://www.mrmoneymustache.com/ , dans lequel il partage son expérience et ses conseils sur la gestion de l'argent, l'indépendance financière et la retraite anticipée.

Peter Adeney a atteint l'indépendance financière en seulement 9 ans, en économisant et en investissant intelligemment une grande partie de ses revenus. Il a quitté son emploi d'ingénieur en 2005 à l'âge de 30 ans pour se consacrer à sa famille et à ses passions.

Sur son blog, Monsieur Money Mustache encourage les gens à vivre frugalement et à investir intelligemment pour atteindre l'indépendance financière le plus rapidement possible. Il propose également des conseils sur l'investissement immobilier, les dépenses de logement, les frais de transport, les achats de voitures et d'autres aspects de la vie quotidienne qui peuvent avoir un impact significatif sur les finances personnelles.

Le blog de Monsieur Money Mustache a rapidement gagné en popularité, attirant des milliers de lecteurs qui cherchent à améliorer leur situation financière et à atteindre la retraite anticipée. Il est par ailleurs devenu un influenceur important dans le mouvement du "Early retirement" et a inspiré de nombreuses personnes à chercher des moyens de réduire leurs dépenses et d'investir pour atteindre l'indépendance financière.

La philosophie de Monsieur Mustache est simple : pour atteindre la retraite anticipée, il faut se concentrer sur l'essentiel, réduire les dépenses, investir judicieusement et générer des revenus passifs. Il transmet l'idée que chacun peut atteindre l'indépendance financière et vivre heureux en suivant ces principes. Sa méthode a été comparée à celle de marques célèbres telles que IKEA, qui promeut un mode de vie simple, abordable et durable.

Pour Monsieur Mustache, le secret de la retraite anticipée réside dans l'autodiscipline. Il croit que chacun peut atteindre ses objectifs financiers en faisant preuve de volonté et de détermination. En pratiquant une vie frugale, en économisant de l'argent et en investissant judicieusement, il est possible de réaliser ses rêves de retraite anticipée en moins de 10 ans. Cela peut sembler difficile, mais Monsieur Mustache croit que tout est possible si l'on est prêt à travailler dur et à faire des sacrifices.

Monsieur Mustache recommande également de **diversifier ses investissements** pour minimiser les risques et de générer des revenus passifs. Il encourage ses lecteurs à créer des *"side hustles"*, ou activités secondaires, pour augmenter leurs revenus et accélérer leur chemin vers l'indépendance financière. Il souligne l'importance de ne pas commettre d'erreurs dans sa stratégie de retraite anticipée, telles que l'endettement ou l'investissement dans des actifs à haut risque.

Pour Monsieur Mustache, la retraite anticipée est un mode de vie qui peut apporter une grande satisfaction. Il encourage ses lecteurs à profiter pleinement de leur temps libre, à voyager et à découvrir de nouvelles expériences. Il reconnaît aussi que la retraite anticipée présente des avantages et des inconvénients, et qu'elle n'est pas réservée aux riches. Tout le monde peut réaliser ses rêves de retraite anticipée en suivant ses conseils et en travaillant dur.

Approche philosophique du "Early retirement"

L'idée de l' « Early retirement », ou la retraite anticipée, est un sujet de débat qui a attiré l'attention de nombreux philosophes au fil des siècles. Certains considèrent cela comme une forme d'évasion des responsabilités et de l'engagement envers la société, tandis que d'autres le perçoivent comme une opportunité de vivre une vie plus épanouissante et satisfaisante.

Au XVIIIe siècle, le philosophe français **Jean-Jacques Rousseau**, célèbre pour son ouvrage "Du Contrat social", a écrit sur la valeur de l'autonomie individuelle et de la liberté personnelle. Pour Rousseau, la retraite anticipée peut offrir une occasion pour les individus de se libérer des contraintes de la société et de vivre une vie plus authentique.

Le philosophe américain **John Rawls**, né en 1921, a élaboré une théorie de la justice qui met l'accent sur l'égalité des chances et la protection des droits fondamentaux. Selon Rawls, la retraite anticipée peut être considérée comme juste si elle permet à une personne de mieux satisfaire ses aspirations personnelles sans nuire aux autres.

Le philosophe français **Michel Foucault**, né en 1926, s'est intéressé à la façon dont les institutions sociales contrôlent les individus. Pour Foucault, la retraite anticipée peut être vue comme une manière pour les individus de se soustraire aux normes imposées par la société et de vivre selon leurs propres termes.

Enfin, le philosophe américain **Robert Nozick**, né en 1938, a défendu l'idée de l'« état minimal » et a critiqué les formes d'intervention de l'État dans les choix individuels. Selon Nozick, la retraite anticipée peut être considérée comme un choix personnel légitime qui ne doit pas être restreint par les politiques publiques.

La question de la retraite anticipée suscite des réflexions philosophiques variées, allant de la défense de l'autonomie individuelle à la critique des normes exigées par la société. Les philosophies de Rousseau, Rawls, Foucault et Nozick en sont des exemples pertinents.

Approche sociologique de la prise du "Early retirement"

L'approche sociologique de la prise de retraite anticipée peut être abordée à travers plusieurs perspectives différentes. Tout d'abord, nous pouvons considérer les différents facteurs sociaux qui influencent la décision de prendre une retraite anticipée. Ensuite, nous pouvons examiner les conséquences sociales de cette décision, telles que les impacts sur les finances et les relations familiales.

Parmi les sociologues qui ont étudié la retraite anticipée, nous pouvons citer les travaux de Robert Merton (1910-2003), considéré comme un des fondateurs de la sociologie américaine. Merton a développé la théorie de l'anomie, qui soutient que la décision de prendre une retraite anticipée peut être influencée par un manque de sens et de but dans la vie.

Un autre courant de pensée important dans ce domaine est la théorie du cycle de vie développée par Talcott Parsons (1902-1979). Selon cette théorie, les individus passent par différentes étapes au cours de leur vie, telles que la jeunesse, la maturité et la vieillesse. La décision de prendre une retraite anticipée peut être considérée comme une étape de transition vers la vieillesse et peut-être influencée par des facteurs tels que la santé, les finances et les relations familiales.

Un autre sociologue qui a étudié la retraite anticipée est **Zygmunt Bauman** (1925-2017), qui a développé la théorie de la liquidité moderne. Selon Bauman, la société moderne est de plus en plus liquide, ce qui signifie que les individus sont plus mobiles et plus libres de changer de travail et de vie. La décision de prendre une retraite anticipée peut être considérée comme un exemple de cette liberté accrue, qui peut être influencée par des facteurs tels que le stress au travail et la quête de liberté personnelle.

Outre les perspectives sociologiques, il est également important de considérer les conséquences sociales de la prise de retraite anticipée. Par exemple, cela peut avoir un impact sur les finances des individus, en particulier s'ils ne disposent pas d'épargne suffisante pour subvenir à leurs besoins. La retraite anticipée peut avoir considérablement des répercussions sur les relations familiales, particulièrement si les individus sont obligés de s'occuper de leurs parents âgés ou de leurs enfants.

Approche psychologique de la prise du "Early retirement"

L'Early retirement, ou la retraite anticipée, est un phénomène complexe qui peut être analysé sous plusieurs angles psychologiques. Dans ce qui suit, je vais vous présenter une approche psychologique de la prise de retraite anticipée en examinant les différents courants de pensée et les théories de différents psychologues.

Commençons par le courant humaniste, représenté par Carl Rogers et Abraham Maslow. Selon eux, le besoin de prendre une retraite anticipée peut être lié à la recherche de la réalisation de soi et de la satisfaction de ses besoins fondamentaux. Par exemple, une personne peut décider de prendre une retraite anticipée pour pouvoir consacrer plus de temps à sa famille, à ses loisirs ou à des causes qui lui tiennent à cœur.

Le courant psychanalytique, quant à lui, peut voir la retraite anticipée comme un moyen de fuir les responsabilités ou les conflits professionnels. Selon Sigmund Freud, les désirs inconscients peuvent influencer les décisions prises à un moment donné. Il est donc possible que la prise de retraite anticipée soit motivée par un désir inconscient de fuir un environnement stressant ou conflictuel.

Le courant behavioriste, représenté par B.F. Skinner, peut considérer la prise de retraite anticipée comme une réponse à des renforcements positifs ou négatifs liés à la vie professionnelle. Par exemple, une personne peut décider de prendre une retraite anticipée suite à des renforcements négatifs tels que des conditions de travail difficiles ou un manque de reconnaissance de ses efforts.

Enfin, le courant cognitiviste, représenté par Albert Bandura, peut considérer la prise de retraite anticipée comme le résultat d'un processus de réflexion et de décision conscient. Selon Bandura, les croyances et les attitudes peuvent influencer les décisions prises par une personne, y compris la décision de prendre une retraite anticipée.

Il est important de noter que ces courants de pensée ne sont pas mutuellement exclusifs et que la prise de retraite anticipée peut être influencée par plusieurs facteurs psychologiques à la fois. De plus, les décisions de retraite anticipée peuvent varier considérablement d'une personne à l'autre en fonction de leur situation personnelle, professionnelle et financière.

Approche biologique de la prise du "Early retirement"

L'approche biologique de la retraite anticipée se concentre sur l'étude des impacts physiologiques et biologiques de la retraite sur le corps et l'esprit humains. Cette approche considère les effets à court et à long terme de l'arrêt du travail sur le corps, la santé mentale et la qualité de vie des personnes retraitées.

Les travaux de recherche ont montré que l'arrêt de l'activité professionnelle peut avoir un impact significatif sur la santé physique des retraités. Certaines études ont suggéré que la retraite anticipée peut augmenter le risque de maladies chroniques telles que l'obésité, les maladies cardiaques et le diabète, en raison d'un manque d'exercice physique et d'une alimentation déséquilibrée. De plus, la retraite peut également réduire les niveaux de stimulation mentale et sociale, ce qui peut entraîner une dépression et une détérioration de la santé mentale.

D'un autre côté, certaines études ont montré que la retraite anticipée peut avoir des effets bénéfiques sur la santé mentale des personnes retraitées. Par exemple, une étude récente a montré que la retraite anticipée peut améliorer la qualité de vie et la satisfaction personnelle en donnant aux personnes plus de temps pour se concentrer sur les activités qu'elles apprécient et pour entretenir des relations sociales saines.

Enfin, il est important de noter que l'impact de la retraite anticipée sur la santé peut varier considérablement en fonction des personnes et de leurs situations personnelles. Par exemple, les personnes qui ont des antécédents familiaux de maladies chroniques ou qui sont en mauvaise santé peuvent être plus susceptibles de subir des effets négatifs de la retraite anticipée sur leur santé.

L'approche biologique de la retraite anticipée montre que la retraite peut avoir des impacts significatifs sur la santé physique et mentale des personnes retraitées. Il faut prendre en compte ces facteurs lors de la planification de la retraite anticipée et de poursuivre des stratégies pour maintenir une santé physique et mentale optimale pendant la retraite.

Approche politique de la prise du "Early retirement"

L'approche politique de la prise de retraite anticipée (ou "Early retirement") varie considérablement selon les pays et les époques. En général, cependant, l'early retirement a été vu comme une mesure pour réduire les coûts du système de retraite et pour encourager les travailleurs âgés à quitter le marché du travail, laissant ainsi plus d'opportunités pour les jeunes travailleurs.

Au cours des dernières décennies, l'early retirement a été un sujet de débat intense en Europe, en particulier dans les pays européens qui ont des systèmes de retraite à répartition. En France, par exemple, la loi Fillon de 2003 a réformé le système de retraite en allongeant la durée de cotisation et en réduisant les avantages pour les travailleurs qui prennent leur retraite avant l'âge légal. Pourtant, ces réformes ont été critiquées par certains pour n'avoir pas suffisamment pris en compte les réalités des travailleurs âgés, notamment ceux qui ont des emplois physiques difficiles.

En Allemagne, la question de l'early retirement a été abordée dans le contexte de la réforme des retraites de la fin des années 1990. La réforme a visé à encourager les travailleurs à continuer de travailler plus longtemps en réduisant les avantages de l'early retirement.

Cependant, ces réformes ont été critiquées pour n'avoir pas suffisamment tenu compte des réalités des travailleurs âgés, surtout ceux qui ont des emplois difficiles.

Aux États-Unis, la question de l'early retirement a également été abordée, mais dans un contexte différent. Aux États-Unis, le système de retraite est fondé sur des fonds de pension privés plutôt que sur un système de répartition. Les réformes du système de retraite aux États-Unis ont donc tendu à se concentrer sur des mesures telles que l'augmentation des cotisations obligatoires et la promotion de l'épargne personnelle plutôt que sur la réduction de l'early retirement.

Enfin, il convient de mentionner les approches politiques de l'early retirement dans les pays en développement, où les systèmes de retraite sont souvent plus rudimentaires et moins développés que dans les pays développés. Dans de nombreux pays en développement, les travailleurs n'ont pas accès à une retraite formelle et doivent compter sur leur famille et leur communauté pour subvenir à leurs besoins financiers à la retraite. Cependant, il y a eu une tendance croissante à développer des systèmes de retraite formels dans les pays en développement, en partie pour soutenir la croissance économique et encourager les investissements dans les secteurs financiers.

Dans l'ensemble, l'approche politique de l'early retirement dépend fortement du système de retraite en place dans un pays donné, ainsi que des priorités politiques et économiques du moment. Alors que certains pays cherchent à encourager les travailleurs âgés à rester sur le marché du travail plus longtemps pour maintenir la croissance économique, d'autres se concentrent sur la protection des travailleurs âgés et sur la garantie de leurs droits à une retraite décente.

Approche spirituelle de la prise du "Early retirement"

L'approche spirituelle de la retraite anticipée peut être considérée comme un moyen de trouver un équilibre entre les aspirations matérielles et spirituelles de l'individu. Cette démarche consiste à sortir du système traditionnel de travail, d'accumulation de richesse et de consommation pour explorer de nouvelles voies de développement personnel et de contribution à la société.

Cette approche spirituelle a pris de l'importance au fil des siècles. Au Moyen Âge, des mouvements religieux tels que les moines et les ermites se sont retirés du monde pour se consacrer à la méditation et à la prière. Au XVIIIe siècle, des penseurs tels que Jean-Jacques Rousseau ont plaidé pour une vie simple et éloignée des valeurs matérialistes de la société. Au XIXe siècle, le mouvement de la Transcendantale a prôné un retour à la nature et à la spiritualité.

De nos jours, de nombreux individus optent pour une retraite anticipée pour trouver un équilibre entre le travail et la vie personnelle. Cette démarche peut inclure la participation à des activités spirituelles telles que la méditation, la prière, le yoga, le tai chi ou la participation à des communautés spirituelles.

D'un point de vue spirituel, la retraite anticipée peut être considérée comme un moment de transition vers une vie plus significative et plus enrichissante. Cela peut offrir l'opportunité de se concentrer sur les aspects les plus importants de la vie, tels que les relations, la santé, la croissance personnelle et la contribution à la société.

1. La retraite anticipée : un rêve à portée de main

L'histoire de la retraite anticipée remonte au début du 20ème siècle, lorsque le gouvernement allemand a mis en place un système de sécurité sociale pour les travailleurs. Avant cela, les travailleurs étaient souvent contraints de travailler jusqu'à leur mort ou de dépendre de leur famille pour subvenir à leurs besoins lorsqu'ils ne pouvaient plus travailler.

Le système de sécurité sociale allemand a permis aux travailleurs de se retirer plus tôt et de bénéficier d'une pension de retraite, ce qui a contribué à améliorer leur qualité de vie. Ce concept s'est rapidement répandu dans d'autres pays, notamment aux États-Unis, où le Social Security Act a été adopté en 1935.

Au fil des décennies, l'idée de la retraite anticipée a gagné en popularité, notamment dans les pays occidentaux, où les travailleurs ont commencé à prendre conscience de l'importance de l'équilibre entre travail et vie personnelle. De nombreuses entreprises ont mis en place des programmes de retraite anticipée pour encourager les employés à quitter leur emploi plus tôt.

Cependant, avec l'augmentation de l'espérance de vie et les problèmes de financement des systèmes de retraite gouvernementaux, la retraite anticipée est devenue plus difficile à atteindre pour de nombreux travailleurs. C'est là que les stratégies d'indépendance financière, telles que celles décrites dans ce livre, sont devenues de plus en plus populaires, offrant une alternative à la dépendance vis-à-vis des pensions de retraite gouvernementales.

Aujourd'hui, de plus en plus de personnes cherchent à atteindre la retraite anticipée en adoptant une approche frugale, en maximisant leurs investissements et en créant des sources de revenus passifs. Les avantages de la retraite anticipée sont nombreux, allant de la liberté de choisir comment passer son temps à la possibilité de réaliser des projets personnels qui étaient auparavant impossibles en raison du manque de temps ou de ressources.

La retraite anticipée est un rêve à portée de main pour ceux qui sont prêts à prendre en main leur avenir financier et à adopter des stratégies efficaces pour atteindre leurs objectifs.

Qu'est-ce qu'une vie frugale ?

Une vie frugale est un mode de vie caractérisé par la simplicité et l'austérité dans les dépenses et les achats. Il s'agit de minimiser les dépenses superflues et d'optimiser les ressources pour atteindre une certaine forme de prospérité financière et matérielle.

Cela peut inclure des choix de consommation conscients tels que la réduction des achats inutiles, la préférence pour les produits de qualité durable plutôt que pour les produits jetables, et l'utilisation efficace de l'énergie et des ressources naturelles. Le but de la vie frugale est de vivre de manière plus simple et plus consciente, sans sacrifier les plaisirs de la vie.

En adoptant une vie frugale, vous pouvez économiser de l'argent, réduire votre empreinte carbone, vivre plus simplement et profiter des plaisirs de la vie sans être assujetti à la consommation de biens matériels. La vie frugale consiste en des choix de consommation conscients, tels que la réduction des achats inutiles et la préférence pour les produits de qualité durable plutôt que pour les produits jetables.

En d'autres termes, la vie frugale est une manière de vivre plus en harmonie avec la nature, en faisant des choix éthiques et écologiques qui réduisent notre impact sur l'environnement. En évitant les dépenses inutiles et en choisissant des produits de qualité, nous pouvons économiser de l'argent à long terme tout en aidant à préserver la planète.

La vie frugale ne signifie pas se priver de tout plaisir et de tout confort. Au contraire, elle nous permet de vivre de manière plus consciente et de profiter pleinement des plaisirs de la vie. Par exemple, plutôt que de dépenser beaucoup d'argent dans des restaurants chics, vous pouvez apprendre à cuisiner des repas sains et délicieux à la maison en utilisant des ingrédients frais et de qualité. Vous pouvez également apprendre à apprécier les petites choses de la vie, comme une promenade dans la nature, la lecture d'un bon livre ou une soirée entre amis.

La vie frugale peut être difficile à mettre en pratique au début, surtout si vous êtes habitué à un mode de vie plus dépensier. Cependant, une fois que vous vous y habituez, vous réaliserez à quel point elle peut être libératrice. Vous vous sentirez plus en contrôle de votre vie financière et vous pourrez vous concentrer sur les choses qui sont vraiment importantes pour vous.

En fin de compte, la vie frugale est une manière de vivre plus heureuse et plus épanouissante. Elle vous permet de vivre dans l'instant présent, de vous concentrer sur les choses qui sont vraiment importantes pour vous, et de vous libérer des contraintes financières qui peuvent vous empêcher de réaliser vos rêves. Adoptez une vie frugale dès aujourd'hui et vous serez étonné des résultats que vous obtiendrez.

Un zeste de minimalisme pour s'approcher de son but

Le minimalisme peut être considéré comme un ingrédient clé pour atteindre une retraite anticipée réussie. Le minimalisme implique de minimiser les possessions matérielles inutiles, de réduire les dépenses et de se concentrer sur les éléments essentiels de la vie. En réduisant les coûts de la vie quotidienne et en simplifiant les choses, les personnes peuvent économiser de l'argent et atteindre leur objectif de retraite anticipée plus rapidement.

En réduisant les possessions matérielles, les individus peuvent également réduire leur niveau de stress et se concentrer sur les activités et les centres d'intérêt qui ont une véritable signification pour eux. Les possessions matérielles peuvent parfois devenir un fardeau, car elles nécessitent de l'entretien, prennent de la place et exigent de l'argent pour les acquérir et les entretenir. En se débarrassant de ces possessions inutiles, les personnes peuvent simplifier leur vie et réduire leur niveau de stress.

De plus, le minimalisme peut également contribuer à renforcer les relations avec les membres de la famille et les amis. En réduisant les dépenses liées aux biens matériels, les individus peuvent avoir plus de temps et de ressources pour investir dans des expériences de qualité avec leurs proches. Cela peut renforcer les relations et conduire à une plus grande satisfaction de la vie.

Enfin, le minimalisme peut aider les individus à atteindre une plus grande liberté financière. En minimisant les dépenses et en se concentrant sur les éléments essentiels de la vie, les personnes peuvent économiser de l'argent et atteindre leur objectif de retraite anticipée plus rapidement. En atteignant la liberté financière plus tôt, les personnes peuvent profiter d'une plus grande flexibilité et être en mesure de se consacrer à des activités et des centres d'intérêt qui leur tiennent à cœur.

En combinant l'arrêt anticipé de travail, le minimalisme et la sobriété heureuse, les personnes peuvent trouver un équilibre entre leur vie professionnelle et personnelle, tout en minimisant les dépenses inutiles et en augmentant leur bonheur. Ces concepts encouragent les gens à simplifier leur vie et à se concentrer sur ce qui est vraiment important pour eux, ce qui peut conduire à un mode de vie plus satisfaisant et plus épanouissant. En incorporant un zeste de minimalisme dans leur vie, les individus peuvent approcher leur but de retraite anticipée avec succès et vivre une vie plus simple et plus heureuse.

De l'important de l'autodiscipline dans sa stratégie du "Early retirement"

Le "Early retirement" est un concept de plus en plus populaire qui consiste à quitter son emploi plus tôt que la normale pour pouvoir profiter pleinement de la vie et de son temps libre. Pour y parvenir, il est impératif d'avoir une stratégie claire et bien définie, ainsi qu'une solide dose d'autodiscipline.

L'autodiscipline est la clé du succès dans la mise en œuvre de toute stratégie de retraite anticipée. Cela implique de faire des sacrifices à court terme pour atteindre ses objectifs financiers à long terme. Cela signifie également se mettre en garde contre les tentations qui peuvent nuire à votre progression, comme dépenser de l'argent inutilement sur des biens de consommation, ou encore céder aux pressions sociales pour s'engager dans des dépenses somptueuses.

Prenez le temps de déterminer vos objectifs financiers clairement et de les inclure dans votre plan de retraite anticipée. Ensuite, il est important de développer un système de suivi pour vous assurer que vous vous tenez sur la bonne voie pour atteindre ces objectifs. Il peut s'agir de suivre vos dépenses, de tenir un journal de bord de vos investissements, ou encore de vous fixer des objectifs mensuels ou trimestriels pour vous aider à rester motivé.

Il est aussi important de s'entourer de personnes qui partagent les mêmes objectifs que vous. Cela peut se faire en rejoignant un groupe de personnes qui cherchent à atteindre l'indépendance financière, en participant à des forums en ligne dédiés à la retraite anticipée, ou encore en rencontrant des personnes qui ont déjà atteint leurs objectifs financiers.L'autodiscipline ne s'applique pas seulement à la gestion de vos finances, mais aussi à vos habitudes de vie. Il est important de prendre soin de sa santé en adoptant une alimentation saine et en pratiquant régulièrement une activité physique. Cela vous aidera non seulement à vous sentir mieux dans votre corps, mais également à économiser de l'argent sur les coûts de santé à long terme.

L'autodiscipline est un élément clé pour atteindre la retraite anticipée. Il est important de se fixer des objectifs financiers clairs, de développer un système de suivi pour rester sur la bonne voie, de s'entourer de personnes partageant les mêmes objectifs et de prendre soin de sa santé et de son bien-être.

De plus, il est crucial de ne pas perdre de vue ses objectifs à long terme et de faire des sacrifices à court terme pour atteindre la liberté financière. Avec de l'autodiscipline, de la persévérance et de la détermination, il est possible de réaliser le rêve de la retraite anticipée et de profiter de la vie sans les soucis financiers. Il est important de se rappeler que les résultats ne viendront pas du jour au lendemain, mais que chaque petit pas en avant peut mener à une vie plus satisfaisante et plus épanouissante à long terme.

LE SAVIEZ-VOUS ?

L'autodiscipline est l'une des compétences les plus importantes à cultiver pour atteindre votre objectif de retraite anticipée ?

L'autodiscipline est la capacité à se contrôler soi-même, à renoncer aux plaisirs immédiats pour obtenir des résultats à long terme. Elle est souvent considérée comme un trait de personnalité inné, mais elle peut être développée et améliorée avec la pratique.

Par exemple, Warren Buffett, l'un des investisseurs les plus célèbres au monde, est connu pour son autodiscipline légendaire en matière de dépenses. Il vit modestement malgré sa fortune, préférant économiser et investir son argent plutôt que de le dépenser dans des biens matériels coûteux.

L'autodiscipline peut être appliquée à tous les aspects de la vie, y compris les finances personnelles. En matière de retraite anticipée, l'autodiscipline peut vous aider à :

Contrôler vos dépenses pour économiser plus d'argent
Éviter les dettes et les crédits à la consommation
Éviter les achats impulsifs et les dépenses inutiles
Garder le cap sur votre objectif à long terme.

Par exemple, si vous avez pour objectif de prendre votre retraite anticipée dans 10 ans, l'autodiscipline peut vous aider à établir un budget strict et à résister à la tentation de dépenser votre argent pour des choses futiles ou superflues. Elle peut également vous aider à rester concentré sur votre plan à long terme et à ne pas abandonner en cas de difficultés ou de revers.

L'autodiscipline peut être cultivée à travers des habitudes simples comme :

> Planifier à l'avance vos dépenses
> Éviter les distractions et les tentations
> Pratiquer la méditation ou la visualisation pour renforcer votre motivation
> Suivre un régime alimentaire et un programme d'exercice réguliers pour renforcer votre volonté et votre discipline.

"L'Early Retirement n'est pas seulement une question d'argent, c'est aussi une question d'état d'esprit. Adoptez une attitude de frugalité, de patience et de discipline, et vous pourrez réaliser vos rêves de liberté financière."

Vicki Robin

2. Les fondamentaux de l'indépendance financière

L'indépendance financière est le socle sur lequel repose la retraite anticipée. Il est crucial de comprendre la différence entre l'indépendance financière et la liberté financière. L'indépendance financière signifie que vous avez suffisamment de revenus passifs pour couvrir vos dépenses de base sans avoir à travailler. D'un autre côté, la liberté financière signifie que vous avez suffisamment de revenus pour vivre le style de vie que vous désirez sans avoir à travailler.

Pour atteindre l'indépendance financière, il est important de **réduire vos dépenses**, d'investir judisieusement et de générer des revenus passifs. En réduisant vos dépenses, vous pouvez économiser plus d'argent pour investir. Les différents types d'investissements comprennent les actions, les obligations, les biens immobiliers, les FNB, etc. Il est important de comprendre comment utiliser chaque type d'investissement à votre avantage.

Pour **générer des revenus passifs**, vous pouvez investir dans des actifs tels que des immeubles locatifs, des actions à dividendes, des obligations à haut rendement, etc. Il est également possible de générer des revenus passifs en créant une entreprise ou en investissant dans une entreprise existante.

Des exemples peuvent aider à comprendre ces concepts. Par exemple, John, qui travaille comme comptable, économise 50% de son salaire chaque mois en réduisant ses dépenses. Il investit ensuite son argent dans un portefeuille diversifié d'actions et d'obligations. Après quelques années, il a suffisamment de revenus passifs pour couvrir ses dépenses de base, ce qui lui permet de prendre une retraite anticipée.

Une métaphore utile pour comprendre l'indépendance financière est la construction d'un mur. Chaque brique représente une dépense réduite, un investissement judicieux ou un revenu passif généré. Plus vous ajoutez de briques à votre mur financier, plus votre indépendance financière sera solide.

Il est important de noter que l'indépendance financière n'est pas une nouvelle idée. Des gens comme Benjamin Franklin ont prôné les avantages de l'indépendance financière dès le XVIIIe siècle. Des marques comme Vanguard, Fidelity, et Charles Schwab sont des noms de confiance dans l'industrie des investissements.

Comment réduire vos dépenses pour économiser plus

La première étape pour économiser plus et atteindre une retraite anticipée est d'étudier de près votre budget. Vous devez connaître vos entrées et sorties d'argent pour savoir exactement combien vous dépensez et où vont vos dépenses. Pour cela, vous devez suivre quelques règles de base :

1. Règles de bases - étudier son budget, les entrées et sorties d'achat

La première étape pour économiser plus et atteindre une retraite anticipée est d'étudier de près votre budget. Vous devez connaître vos entrées et sorties d'argent pour savoir précisément combien vous dépensez et où vont vos dépenses. Pour cela, vous devez suivre quelques règles de base.

Tout d'abord, vous devez garder une trace de toutes vos dépenses. Cela peut sembler fastidieux, mais c'est la meilleure façon de comprendre où va votre argent. Vous pouvez le faire à l'ancienne en notant toutes vos dépenses dans un cahier ou en utilisant une application pour smartphone qui vous permet de catégoriser facilement vos dépenses. Les applications de **budgeting** comme **Mint**, **YNAB** et **PocketGuard** peuvent vous aider à suivre vos dépenses.

Une fois que vous avez une vue d'ensemble de vos dépenses, vous pouvez commencer à examiner où vous pouvez réduire vos coûts. Il peut être utile de diviser vos dépenses en catégories telles que le logement, l'alimentation, les transports, les loisirs, etc. De cette manière, vous pouvez simplement identifier les catégories dans lesquelles vous dépensez le plus.

Il est crucial de se concentrer sur les grosses dépenses en premier. Par exemple, si vous payez un loyer élevé, vous pourriez envisager de trouver un logement moins cher. Si vous avez une voiture, vous pourriez économiser de l'argent en la vendant et en utilisant les transports en commun ou en achetant un vélo. Si vous mangez souvent au restaurant, vous pourriez commencer à cuisiner à la maison plus souvent.

Il est également crucial de réduire vos petites dépenses. Même des économies de quelques euros par jour peuvent s'additionner à long terme. Par exemple, si vous achetez un café au travail tous les jours pour **2€**, cela peut représenter plus de 500€ par an. En revanche, si vous apportez votre propre café à partir de chez vous, vous pourriez économiser cette somme.

Il faut aussi comparer les prix et d'acheter des produits moins chers lorsque cela est possible. Par exemple, si vous achetez des produits alimentaires, vous pourriez acheter des marques moins chères, ou des marques de distributeurs. Les supermarchés proposent souvent des offres promotionnelles sur les produits que vous achetez régulièrement, il est donc important de les surveiller.

Enfin, il faut se fixer des objectifs. Vous pourriez essayer de réduire vos dépenses de **10 %**, par exemple. Ou bien, vous pourriez vous fixer un objectif d'économiser une certaine somme chaque mois. Les objectifs peuvent vous aider à rester motivé et à rester concentré sur vos économies.

2. <u>Penser au minimalisme</u>

Le minimalisme est un mode de vie qui peut grandement contribuer à la réussite de votre stratégie de retraite anticipée. En effet, en réduisant vos besoins et vos dépenses, vous pouvez économiser plus d'argent pour atteindre vos objectifs financiers plus rapidement.

Le minimalisme consiste à se concentrer sur l'essentiel et à réduire les superflus. Il s'agit de simplifier votre vie en se débarrassant de tout ce qui est inutile, afin de ne garder que ce qui est vraiment important pour vous. Cela peut s'appliquer à différents aspects de votre vie, tels que vos possessions matérielles, votre alimentation, vos loisirs, vos relations et même votre travail.

Penser au minimalisme peut vous aider à réaliser des économies sur des dépenses courantes, telles que vos factures d'électricité, d'eau, de gaz ou de téléphone. Par exemple, vous pouvez économiser sur l'énergie en éteignant les lumières inutiles, en réduisant la température de votre chauffage et en utilisant des appareils électroménagers à haute efficacité énergétique.

Le minimalisme peut également vous aider à réduire vos dépenses sur les vêtements, la nourriture, les loisirs et les voyages.

Au lieu d'acheter de nouveaux vêtements chaque saison, vous pouvez réduire votre garde-robe en gardant seulement les articles de qualité dont vous avez besoin. Vous pouvez également économiser sur la nourriture en achetant des aliments de base et en les cuisinant à la maison, plutôt que de manger régulièrement au restaurant.

En réduisant vos besoins, vous pouvez vous libérer du temps et de l'argent pour vous concentrer sur ce qui compte vraiment pour vous. Cela peut vous aider à vivre une vie plus épanouissante et à atteindre vos objectifs financiers plus rapidement. Vous pouvez également être plus conscient de vos dépenses, ce qui peut vous aider à être plus créatif et à trouver des moyens d'économiser sur les choses dont vous avez réellement besoin.

Le minimalisme est un mode de vie simple, mais puissant qui peut aider à améliorer votre qualité de vie et votre avenir financier. En adoptant une approche minimaliste, vous pouvez économiser plus d'argent pour atteindre vos objectifs de retraite anticipée plus rapidement.

3. Supprimer vos dettes

Pour atteindre une retraite anticipée, il est essentiel de se libérer de toutes les dettes en premier lieu. Les dettes sont un poids qui freine la progression vers l'indépendance financière. Pour s'en débarrasser, il faut suivre une stratégie efficace et constante.

La première étape consiste à prendre conscience de toutes les dettes en cours. Il faut lister toutes les dettes, leur montant et leur taux d'intérêt. Cette étape permet de comprendre l'ampleur de la dette et de voir où il faut concentrer ses efforts.

Ensuite, il faut établir un budget réaliste et rigoureux, qui permettra de libérer une partie du budget pour le remboursement des dettes. La réduction des dépenses peut se faire en supprimant les abonnements inutiles, en comparant les offres des différents fournisseurs et en utilisant des coupons de réduction.

Une autre stratégie efficace est de renégocier les dettes en cours avec les créanciers. En expliquant la situation financière et en proposant un plan de remboursement raisonnable, il est possible d'obtenir une réduction des taux d'intérêt et des mensualités. Cette solution permet de réduire le coût total de la dette.

Enfin, il est important de ne plus contracter de nouvelles dettes. Éviter les cartes de crédit et les prêts à la consommation permet de se concentrer sur le remboursement des dettes en cours. Cela demande de la discipline et de l'autodiscipline pour ne pas céder aux tentations de dépenses inutiles.

Pour illustrer cette stratégie, prenons l'exemple de Jean, qui avait accumulé plus de 20 000€ de dettes sur ses cartes de crédit et ses prêts personnels. Jean a commencé par lister toutes ses dettes, les classant par ordre de taux d'intérêt le plus élevé. Il a ensuite établi un budget strict, en supprimant toutes les dépenses inutiles. Il a ensuite renégocié les dettes avec les créanciers et a réussi à réduire les taux d'intérêt. Enfin, il a utilisé tous les remboursements mensuels qu'il avait économisés pour rembourser ses dettes, une à une. Après un an de travail acharné, Jean avait remboursé toutes ses dettes. Il a ensuite continué à économiser en vue d'atteindre son objectif de retraite anticipée.

4. <u>Vous payez d'abord en mettant en place une épargne automatique de 10 ou 20% en début de mois</u>

Rappelez-vous que le mouvement FIRE recommande une épargne ou un investissement mensuel de 50 à 70 %. La mise en place d'une épargne automatique peut être un moyen simple et efficace pour réduire vos dépenses et économiser plus d'argent en vue d'une retraite anticipée. En mettant en place une telle épargne, vous vous assurez de payer vous-même en premier et de ne pas être tenté de dépenser votre argent sur des choses superflues.

Par exemple, vous pouvez décider de mettre en place une épargne automatique de 10% en début de mois sur votre compte épargne ou investissement. Cela signifie que chaque fois que votre salaire est versé, une partie est automatiquement transférée vers votre compte d'épargne ou d'investissement, ce qui vous permet d'économiser plus d'argent pour atteindre votre objectif de retraite anticipée.

Pensez-y comme si vous étiez votre propre banquier, en mettant de l'argent de côté pour votre avenir financier. En faisant cela, vous pouvez également éviter la tentation de dépenser tout votre salaire en début de mois et de ne plus avoir d'argent à mettre de côté pour atteindre votre objectif.

De nombreuses banques offrent désormais des services d'épargne automatique, ce qui facilite la mise en place d'un tel système. Vous pouvez par ailleurs définir un montant d'épargne automatique plus élevé si vous le pouvez, ou même augmenter progressivement le pourcentage d'épargne au fil du temps.

En outre, si vous envisagez de mettre en place un système d'épargne automatique, assurez-vous de choisir un compte qui correspond à vos besoins et à vos objectifs financiers. Par exemple, si vous souhaitez investir pour obtenir des rendements plus élevés, vous pouvez envisager d'ouvrir un compte d'investissement, plutôt qu'un simple compte d'épargne.

En fin de compte, la mise en place d'une épargne automatique peut être une étape importante pour atteindre votre objectif de retraite anticipée. En utilisant cette stratégie, vous vous assurez que vous payez d'abord vous-même, ce qui vous permet de réduire vos dépenses et d'économiser plus d'argent pour l'avenir.

Ainsi, si vous êtes sérieux à propos de la retraite anticipée, pensez à mettre en place une épargne automatique dès maintenant. Vous pouvez commencer petit et augmenter progressivement vos économies au fil du temps. Avec un peu de discipline et de détermination, vous pouvez réaliser vos rêves de vie et profiter de la liberté financière offerte par la retraite anticipée.

5. <u>Il ne s'agit pas de vivre dans une austérité</u>

Réduire ses dépenses est un élément crucial pour économiser plus d'argent en vue de la retraite anticipée, mais cela ne signifie pas que vous devez vivre dans une austérité permanente. Au lieu de cela, vous pouvez adopter une approche plus équilibrée pour réduire vos dépenses tout en profitant toujours de la vie.

Tout d'abord, identifiez les dépenses qui sont vraiment importantes pour vous, comme vos loisirs, vos passe-temps et votre bien-être. Ces éléments peuvent vous aider à rester motivé pendant votre parcours vers la retraite anticipée, alors ne les sacrifiez pas. Au lieu de cela, cherchez des moyens de réduire vos autres dépenses, telles que vos factures de services publics ou votre budget alimentaire.

Une façon d'y parvenir est de mettre en place des routines et des habitudes plus durables et économiques. Par exemple, vous pourriez choisir d'acheter des produits locaux et biologiques moins chers, d'investir dans des articles réutilisables comme des bouteilles d'eau ou des sacs en tissu, ou encore de marcher ou de prendre les transports en commun plutôt que de conduire.

Il est également important de réduire vos coûts de logement, qui peuvent représenter une part importante de votre budget. Si vous êtes propriétaire, vous pouvez envisager de louer une partie de votre maison ou de vendre votre maison pour acheter une propriété moins chère. Si vous êtes locataire, vous pouvez chercher des locations moins chères ou envisager de vivre dans une colocation.

Enfin, n'oubliez pas que vous pouvez toujours trouver des moyens de vous faire plaisir sans dépenser beaucoup d'argent. Par exemple, vous pourriez organiser un pique-nique dans un parc ou profiter des nombreuses activités gratuites dans votre ville. Trouvez des moyens de vous divertir tout en respectant votre budget.

6. <u>Batch cooking</u>

Le batch cooking, ou la cuisine en gros lots, est une technique culinaire de plus en plus populaire qui consiste à préparer plusieurs repas en une seule fois. Cette technique permet de gagner du temps, d'organiser ses repas à l'avance et de réduire les coûts de la nourriture.

En effet, en préparant de grandes quantités de nourriture en une seule fois, vous pouvez économiser de l'argent en achetant des ingrédients en vrac. De plus, le fait de cuisiner des repas en gros lots peut vous aider à éviter les achats impulsifs et les sorties au restaurant, qui sont souvent plus coûteux.

Le batch cooking est également une excellente façon de réduire les déchets alimentaires. En planifiant vos repas à l'avance, vous pouvez utiliser tous les ingrédients que vous avez achetés, ce qui réduit le gaspillage de nourriture. Vous pouvez de plus congeler les restes de vos repas, ce qui vous permet de les utiliser plus tard.

Il existe de nombreuses manières de pratiquer le batch cooking. Certains préfèrent cuisiner tous les repas pour la semaine en une seule journée, tandis que d'autres préfèrent cuisiner deux ou trois fois par semaine. Quelle que soit la méthode que vous choisissez, il faut planifier vos repas à l'avance pour éviter de perdre du temps ou de l'argent.

En outre, le batch cooking peut être une activité amusante et créative. Vous pouvez essayer de nouvelles recettes et expérimenter avec des ingrédients que vous n'avez jamais utilisés auparavant. Vous pouvez également personnaliser vos repas en fonction de vos goûts et de vos besoins diététiques.

Pour commencer, il est crucial de se munir des bons outils. Vous aurez besoin de beaucoup de récipients pour stocker les aliments, comme des bocaux en verre, des boîtes en plastique ou des sacs de congélation. Vous aurez également besoin de couverts de cuisine, de couteaux et d'autres ustensiles de cuisine.

Ensuite, vous devrez planifier vos repas. Il faut tenir compte de vos goûts personnels, de votre emploi du temps et de votre budget. Il est aussi important de tenir compte des ingrédients que vous avez déjà dans votre garde-manger et de planifier vos repas en conséquence.

Une fois que vous avez planifié vos repas, vous pouvez commencer à cuisiner. Il est important de s'organiser pour gagner du temps. Par exemple, vous pouvez éplucher et couper tous vos légumes en une seule fois, puis les ranger dans des sacs de congélation pour les utiliser plus tard.

Lorsque vous cuisinez en gros lots, il est crucial de ne pas surcharger votre frigo ou votre congélateur. Assurez-vous que tous les aliments sont bien étiquetés et datés, afin de pouvoir les utiliser avant leur date de péremption. Vous pouvez également utiliser un calendrier de repas pour organiser vos repas à l'avance et éviter les gaspillages.

Enfin, n'oubliez pas que le batch cooking n'est pas une solution magique pour économiser de l'argent et du temps. Il faut continuer à varier vos repas et d'intégrer des aliments frais dans votre alimentation. Le batch cooking peut être une aide précieuse pour une alimentation saine et équilibrée, mais il est important de ne pas se limiter à des repas préparés à l'avance. En incorporant des aliments frais et en modifiant votre plan de repas au besoin, vous pouvez profiter des avantages du batch cooking tout en maintenant une alimentation saine et variée.

« Il ne s'agit pas de tout appliquer simultanément, mais d'y aller progressivement selon vos aspirations et objectifs. »

Les différents types d'investissements et comment les utiliser à votre avantage

Pour atteindre l'indépendance financière et la retraite anticipée, il est essentiel de comprendre les différents types d'investissements et comment les utiliser à votre avantage. Il existe plusieurs options d'investissement, chacune avec ses propres avantages et inconvénients. Voici quelques-unes des options les plus populaires :

- **Les actions**

Investir dans des actions peut être une stratégie lucrative pour atteindre l'indépendance financière et la retraite anticipée. Les actions représentent une participation dans une entreprise, ce qui signifie que les investisseurs peuvent bénéficier des bénéfices de l'entreprise, soit sous forme de dividendes, soit en vendant leurs actions à un prix plus élevé que celui auquel ils les ont achetées. Cependant, il est important de comprendre les risques liés aux investissements en actions, notamment la perte de capital.

Lorsque vous envisagez d'investir dans des actions, il faut faire vos devoirs. Cela signifie de comprendre l'entreprise dans laquelle vous investissez, son modèle d'entreprise, ses états financiers et ses perspectives de croissance. Les investisseurs doivent également surveiller les fluctuations du marché, car les cours des actions peuvent fluctuer en fonction des événements économiques et politiques.

Il y a deux façons d'investir dans des actions : acheter des actions individuelles ou investir dans des fonds communs de placement. L'achat d'actions individuelles peut offrir un potentiel de bénéfices élevé, mais il est aussi risqué. Si l'entreprise ne réussit pas, les investisseurs peuvent perdre une partie ou la totalité de leur capital investi. C'est pourquoi il est important de diversifier vos investissements en achetant des actions de différentes entreprises.

Les fonds communs de placement sont un moyen plus sûr d'investir dans des actions, car ils permettent aux investisseurs de diversifier leur portefeuille en investissant dans plusieurs entreprises. Les fonds communs de placement sont gérés par des professionnels de l'investissement qui analysent les entreprises et décident des actions à acheter. Les investisseurs peuvent ainsi choisir des fonds communs de placement qui suivent des indices boursiers, tels que le S&P 500, pour une stratégie d'investissement à long terme.

Il y a de nombreux exemples d'entreprises dans lesquelles vous pouvez investir en achetant des actions. Certaines des plus grandes entreprises au monde, telles qu'Apple, Amazon, Microsoft et Google, sont cotées en bourse et offrent des opportunités d'investissement pour les investisseurs individuels. Les entreprises plus petites peuvent également offrir des opportunités d'investissement rentables pour les investisseurs avertis.

Les investisseurs peuvent aussi choisir d'investir dans des secteurs spécifiques, tels que la technologie, la santé ou les services financiers, en achetant des actions de différentes entreprises opérant dans ces secteurs. Les fonds communs de placement peuvent ainsi offrir une exposition à des secteurs spécifiques, ainsi qu'à des actions de différentes tailles d'entreprises.

- **Les obligations**

Les obligations sont un type d'investissement qui permet de prêter de l'argent à une entreprise ou à un gouvernement. En retour, l'entreprise ou le gouvernement promet de rembourser le capital investi à une date fixée à l'avance, avec un taux d'intérêt fixe. Les obligations peuvent être une option attrayante pour les investisseurs qui cherchent à stabiliser leur portefeuille et à obtenir un rendement plus sûr que celui offert par les actions.

Les obligations d'entreprise sont émises par des entreprises qui cherchent à lever des fonds pour financer leurs projets. Les investisseurs peuvent acheter ces obligations individuellement ou sous forme de fonds communs de placement. Les obligations d'entreprise peuvent être assorties d'une cote de crédit, qui mesure la solvabilité de l'entreprise et sa capacité à rembourser ses dettes. Plus la cote de crédit est élevée, plus l'entreprise est considérée comme solvable et moins le risque de défaut est élevé.

Les obligations gouvernementales sont émises par des gouvernements nationaux ou locaux pour financer des projets publics tels que des routes, des écoles et des hôpitaux. Les investisseurs peuvent également acheter ces obligations individuellement ou sous forme de fonds communs de placement. Les obligations gouvernementales sont considérées comme les obligations les plus sûres, car les gouvernements ont la compétence de lever des impôts pour rembourser leur dette.

Les obligations à rendement élevé, aussi connues sous le nom d'obligations à haut rendement ou d'obligations pourries, sont émises par des entreprises dont la cote de crédit est inférieure à la norme. Ces obligations ont un rendement plus élevé pour compenser le risque accru de défaut de paiement. Les investisseurs peuvent être attirés par ces obligations en raison de leur rendement potentiellement plus élevé, mais il faut comprendre les risques associés à ces investissements.

Un exemple d'obligation d'entreprise est celle émise par Apple en 2020, offrant un rendement fixe de 0,92% pour une échéance de 5 ans. Cela signifie que pour chaque 1000 $ investis, les investisseurs recevront 9,20 $ par an pendant 5 ans, puis récupéreront leur capital initial. Un exemple d'obligation gouvernementale est celle émise par le gouvernement américain, avec une échéance de 10 ans et un taux d'intérêt fixe de 1,5%. Cela signifie que pour chaque 1000 $ investis, les investisseurs recevront 15 $ par an durant 10 ans, ensuite récupéreront leur capital initial.

- **L'immobilier**

L'investissement dans l'immobilier est un choix populaire pour de nombreux investisseurs qui cherchent à générer des revenus passifs ou à faire croître leur patrimoine. L'achat d'une propriété locative peut offrir des revenus réguliers provenant des loyers, ainsi qu'un potentiel de plus-value à long terme lorsque la propriété est vendue à un prix plus élevé que celui de l'achat. Cependant, il est important de comprendre que l'investissement immobilier nécessite souvent un investissement initial important et peut-être difficile à gérer.

Le choix de la propriété à acheter est l'une des décisions les plus importantes que les investisseurs immobiliers doivent prendre. Les facteurs à prendre en compte incluent l'emplacement, le type de propriété et le prix d'achat. Les investisseurs doivent également tenir compte des coûts de fonctionnement de la propriété, tels que les frais de gestion immobilière, les taxes foncières et les frais d'entretien.

L'emplacement est un facteur clé dans l'investissement immobilier. Les investisseurs devraient chercher des propriétés dans des quartiers où la demande locative est forte, les propriétés sont appréciées et les taux de vacances sont faibles. Les investisseurs doivent ainsi considérer les caractéristiques spécifiques de la propriété, telles que la taille, la qualité de la construction et l'état général de la propriété.

Le type de propriété est aussi important. Les investisseurs peuvent choisir d'investir dans des appartements, des maisons individuelles, des immeubles de bureaux ou d'autres types de biens immobiliers. Chaque type de propriété a ses propres avantages et inconvénients en termes de potentiel de revenus, de coûts de fonctionnement et de risques.

Le prix d'achat est aussi crucial pour les investisseurs immobiliers. Les investisseurs doivent s'assurer qu'ils achètent la propriété à un prix qui leur permettra de générer des revenus suffisants pour couvrir les coûts de fonctionnement et de rembourser les dettes liées à l'investissement.

En plus des coûts initiaux, les investisseurs immobiliers doivent également tenir compte des coûts de fonctionnement de la propriété. Les frais de gestion immobilière peuvent représenter un pourcentage significatif des revenus locatifs et les coûts d'entretien peuvent être élevés si la propriété nécessite des réparations fréquentes.

Malgré les défis, l'immobilier peut être un excellent investissement à long terme. Les investisseurs peuvent générer des revenus réguliers à partir des loyers et bénéficier d'une plus-value à long terme lorsque la propriété est vendue. Les investisseurs peuvent aussi bénéficier de l'effet de levier en utilisant un financement pour acheter la propriété, ce qui peut augmenter le potentiel de bénéfices.

Certains exemples d'investissement immobilier incluent l'achat d'un appartement locatif dans un quartier en pleine croissance, l'achat d'un immeuble de bureaux pour la location à des entreprises locales ou l'achat d'une propriété de vacances pour la location saisonnière. Les investisseurs peuvent par ailleurs choisir d'investir dans des fonds communs de placement immobilier (FCPI), qui permettent aux investisseurs de diversifier leur portefeuille immobilier sans avoir à acheter une propriété directement.

Les fonds communs de placement immobilier investissent dans une variété de biens immobiliers commerciaux, tels que des centres commerciaux, des bureaux et des entrepôts. Les revenus locatifs sont distribués aux investisseurs sous forme de dividendes, offrant un potentiel de revenus passifs. Les FCPI peuvent aussi offrir un potentiel de plus-value à long terme, car la valeur de la propriété augmente généralement avec le temps.

Cependant, les investisseurs doivent être conscients des risques associés à l'investissement immobilier. Les fluctuations du marché immobilier peuvent entraîner des pertes de valeur, tandis que les coûts de fonctionnement peuvent être plus élevés que prévu, réduisant les bénéfices potentiels. Les propriétaires peuvent ainsi rencontrer des problèmes avec les locataires, tels que des retards de paiement ou des dommages à la propriété.

- **Les produits dérivés**

Les produits dérivés, tels que les options et les contrats à terme, peuvent offrir des rendements importants, mais ils comportent également des risques importants. Les investisseurs doivent comprendre ces risques avant de décider d'investir dans ces produits.

Les options sont des contrats qui permettent à l'acheteur d'acheter ou de vendre un actif sous-jacent à un prix convenu à une date ultérieure. Les options peuvent être utilisées pour spéculer sur la hausse ou la baisse d'un actif, ou pour se protéger contre les mouvements de prix défavorables. Les options peuvent être achetées ou vendues, et il existe différents types d'options, notamment les options d'achat (call) et les options de vente (put).

Les contrats à terme sont des accords qui obligent l'acheteur à acheter ou le vendeur à vendre un actif sous-jacent à un prix convenu à une date ultérieure. Les contrats à terme sont souvent utilisés pour se protéger contre les mouvements de prix défavorables ou pour spéculer sur les mouvements futurs des prix. Les contrats à terme peuvent être utilisés pour de nombreux actifs, tels que les matières premières, les devises et les indices boursiers.

Les produits dérivés peuvent offrir des rendements importants, mais ils comportent également des risques importants. Les investisseurs doivent comprendre les risques avant de décider d'investir dans ces produits.

L'un des principaux risques associés aux produits dérivés est le risque de contrepartie. Lorsque vous investissez dans des produits dérivés, vous prenez un risque sur la contrepartie avec laquelle vous traitez. Si la contrepartie fait défaut, vous pourriez perdre une partie ou la totalité de votre investissement.

Un autre risque associé aux produits dérivés est le risque de marché. Les produits dérivés sont généralement utilisés pour spéculer sur les mouvements futurs des prix. Si les mouvements des prix ne se produisent pas comme prévu, les investisseurs pourraient subir des pertes importantes.

Il faut diversifier ses investissements pour réduire le risque et maximiser les rendements potentiels. En plus des options et des contrats à terme, il existe de nombreuses autres options d'investissement, telles que les matières premières, les devises, les fonds négociés en bourse (FNB) et plus encore. Il est conseillé de consulter un conseiller financier qualifié pour vous aider à déterminer les investissements qui conviennent le mieux à votre situation.

Un exemple d'investissement en produits dérivés est l'utilisation d'options pour spéculer sur la hausse ou la baisse des prix des actions. Par exemple, un investisseur pourrait acheter une option d'achat (call) sur une action spécifique dans l'espoir que le prix de l'action augmentera à l'avenir. Si le prix de l'action augmente, l'investisseur pourra réaliser un bénéfice en exerçant l'option et en achetant l'action à un prix inférieur à celui du marché. Si le prix de l'action ne monte pas, l'investisseur perdra la prime qu'il a payée pour l'option.

Un autre exemple d'investissement en produits défavorables. Par exemple, une entreprise qui achète des matières premières peut utiliser des contrats à terme pour verrouiller un prix fixe pour ces matières premières à une date ultérieure, afin de se protéger contre une hausse des prix sur le marché. Si le prix des matières premières augmente, l'entreprise peut réaliser une économie en utilisant le contrat à terme plutôt qu'en achetant sur le marché ouvert. Si le prix des matières premières baisse, l'entreprise est protégée contre les pertes de valeur de ses stocks.

Il est important de noter que les produits dérivés ne conviennent pas à tous les investisseurs. Ils sont généralement considérés comme des investissements plus risqués que les actions ou les obligations traditionnelles, et ils nécessitent une compréhension approfondie du marché et des risques associés. Les investisseurs qui envisagent d'investir dans des produits dérivés devraient consulter un conseiller financier qualifié pour évaluer leur situation financière, leurs objectifs d'investissement et leur tolérance au risque.

- **Le crowdfunding**

Le crowdfunding est une méthode de financement qui a gagné en popularité ces dernières années. Cette méthode d'investissement participatif permet à un grand nombre de personnes de participer au financement d'un projet ou d'une entreprise en investissant de petites sommes. Contrairement aux investissements traditionnels où les investisseurs doivent disposer de grosses sommes d'argent pour participer, le crowdfunding permet à un plus grand nombre de personnes d'investir et de bénéficier de la rentabilité des investissements.

Le crowdfunding offre de nombreux avantages, notamment la possibilité de diversifier ses investissements en investissant dans différents projets ou entreprises. Les investisseurs peuvent choisir parmi une variété de projets, tels que des startups, des projets immobiliers, des projets artistiques et culturels, des projets environnementaux, etc. En investissant dans plusieurs projets, les risques sont répartis, ce qui réduit le risque global de perte.

Le crowdfunding offre également un potentiel de bénéfices élevés. Les investisseurs peuvent recevoir des dividendes ou une part des bénéfices générés par le projet. Si le projet réussit, les investisseurs peuvent réaliser un rendement élevé sur leur investissement initial. Cependant, il faut noter que les investissements en crowdfunding peuvent être risqués, car les projets sont souvent des entreprises en démarrage ou des projets à haut risque.

Il existe plusieurs types de crowdfunding. Le crowdfunding en actions permet aux investisseurs d'acheter des actions dans une entreprise en démarrage. Les investisseurs peuvent ainsi devenir propriétaires d'une partie de l'entreprise et bénéficier des retours sur investissement. Le crowdfunding en prêt permet aux investisseurs de prêter de l'argent à une entreprise en échange d'un taux d'intérêt fixe. Les investisseurs reçoivent des paiements réguliers jusqu'à ce que le prêt soit remboursé. Le crowdfunding en don permet aux investisseurs de faire des dons à des projets ou des causes qu'ils soutiennent.

Il existe plusieurs plateformes de crowdfunding en ligne qui permettent aux investisseurs de trouver des projets dans lesquels investir. Certaines des plus populaires sont Kickstarter, Indiegogo, Seedrs, Crowdcube, Ulule, Wiseed et KissKissBankBank. Ces plateformes offrent une variété de projets, des startups technologiques aux projets immobiliers en passant par les projets artistiques et environnementaux.

Un exemple de projet qui a réussi grâce au crowdfunding est la montre Pebble. En 2012, la startup Pebble Technology a lancé une campagne Kickstarter pour financer la production de leur montre connectée. La campagne a été un énorme succès, avec plus de 68 000 contributeurs qui ont investi plus de 10 millions de dollars. La montre Pebble est devenue un produit très populaire et a été vendue à des millions d'exemplaires dans le monde entier. Cette campagne de crowdfunding a permis à Pebble Technology de lancer leur produit sans avoir à passer par les canaux de financement traditionnels, tels que les investisseurs providentiels ou les capital-risqueurs.

Comprendre les différents types d'investissements et comment les utiliser à votre avantage est essentiel pour atteindre l'indépendance financière et la retraite anticipée. Il est crucial de diversifier ses investissements et de travailler avec un conseiller financier qualifié pour maximiser les rendements potentiels et minimiser les risques. Avec un peu de discipline et de détermination, vous pouvez réaliser vos rêves de vie et prendre votre avenir financier en main.

Comment générer des revenus passifs pour atteindre l'indépendance financière

La création de revenus passifs est l'une des étapes les plus importantes pour atteindre l'indépendance financière et préparer sa retraite anticipée. Les revenus passifs sont des flux de revenus que vous générez sans avoir à travailler activement pour les obtenir. Ils proviennent généralement de sources telles que les investissements, la location de biens immobiliers, les droits d'auteur, les royalties, les dividendes, ou encore la vente de produits en ligne.

- **La location de biens immobiliers**

La location de biens immobiliers peut être une source de revenus passifs pour les propriétaires de biens immobiliers. Les revenus proviennent habituellement des loyers que les locataires paient chaque mois. Les propriétaires peuvent choisir de gérer eux-mêmes leur propriété ou de confier cette tâche à une agence immobilière.

> **Acheter un appartement et le mettre en location : une option lucrative**

L'immobilier est un domaine qui peut vous aider à atteindre l'indépendance financière grâce à la location de biens immobiliers. Si vous avez les moyens d'acheter un appartement, vous pouvez le mettre en location pour obtenir un revenu passif. Vous pouvez également utiliser la location saisonnière pour augmenter vos revenus.

Pour réussir dans l'immobilier, il faut bien comprendre les règles et les normes en vigueur dans le secteur de l'immobilier. Il est aussi important de trouver un bon locataire et de gérer efficacement la propriété. Il existe de nombreux sites de location en ligne qui peuvent vous aider à trouver des locataires.

Exemples :

-       Jean a acheté un appartement dans un quartier prisé de la ville et le loue à un loyer
mensuel de 1000 euros. Cela lui rapporte un revenu passif de 12 000 euros par an.

-       Sarah a acheté un appartement en bord de mer et le loue en location saisonnière.
Cela lui rapporte 500 euros par semaine pendant la haute saison, soit 10 000 euros pendant les deux mois d'été.

L'immobilier peut être considéré comme un arbre : une fois qu'il est planté, il peut croître et générer des fruits toute l'année. Avec une bonne gestion, il peut devenir une source de revenus passifs stable.

Airbnb est une plateforme en ligne populaire qui permet aux propriétaires de louer leur logement. Avec un nombre croissant d'utilisateurs, cette entreprise est devenue une source de revenus pour de nombreux propriétaires.

- **Les droits d'auteur et royalties**

Les droits d'auteur et les royalties sont une excellente source de revenus passifs pour ceux qui ont un talent créatif. Si vous êtes l'auteur d'un livre, d'une chanson, d'un film ou de toute autre œuvre protégée par le droit d'auteur, vous pouvez percevoir des revenus passifs sous forme de droits d'auteur et de royalties. Ces revenus sont versés par les éditeurs, les producteurs de musique, les chaînes de télévision et autres personnes qui utilisent votre œuvre dans leur propre travail.

Prenons l'exemple d'un auteur qui a écrit un livre à succès. Chaque fois que ce livre est vendu, l'auteur reçoit un pourcentage des ventes en tant que droits d'auteur. De plus, si le livre est traduit dans d'autres langues et vendu à l'étranger, l'auteur peut également percevoir des redevances sur ces ventes. Si le livre est adapté en film ou en série télévisée, l'auteur peut aussi toucher des redevances sur les droits d'adaptation.

De même, les artistes musicaux peuvent générer des revenus passifs grâce aux droits d'auteur et aux royalties. Chaque fois qu'une chanson est diffusée à la radio ou en streaming sur une plateforme comme Spotify ou Apple Music, l'artiste reçoit un pourcentage des revenus générés. De plus, les artistes peuvent aussi percevoir des redevances sur les ventes de leurs albums physiques ou numériques, ainsi que sur les droits d'utilisation de leur musique dans des publicités, des films ou des séries télévisées.

En ce qui concerne les films, les réalisateurs et les producteurs peuvent ainsi générer des revenus passifs grâce aux droits d'auteur et aux royalties. Chaque fois que leur film est diffusé à la télévision ou vendu en DVD ou en Blu-ray, ils reçoivent une part des ventes en tant que droits d'auteur. De plus, si le film est vendu à l'étranger ou diffusé sur des plateformes de streaming comme Netflix ou Amazon Prime, les réalisateurs et les producteurs peuvent ainsi percevoir des redevances.

- **Les dividendes**

Les dividendes sont des paiements que les entreprises versent à leurs actionnaires en fonction de leurs bénéfices. Les sociétés cotées en bourse versent généralement des dividendes trimestriels, semestriels ou annuels à leurs actionnaires. Les dividendes peuvent être une source de revenus passifs pour les investisseurs et peuvent être un moyen de générer des flux de trésorerie réguliers.

Les dividendes peuvent fluctuer en fonction de la performance de l'entreprise. Si l'entreprise réalise des bénéfices importants, elle peut augmenter les dividendes qu'elle verse à ses actionnaires. Si l'entreprise a des difficultés financières, elle peut réduire ou suspendre les dividendes qu'elle verse.

Les dividendes peuvent être une source de revenus passifs pour les investisseurs à long terme. Les investisseurs peuvent acheter des actions de sociétés qui ont une histoire de versement de dividendes réguliers et croissants. Les investisseurs peuvent également réinvestir les dividendes qu'ils reçoivent dans des actions supplémentaires, ce qui peut augmenter le rendement global de leur portefeuille.

Par exemple, si un investisseur possède des actions d'une entreprise qui verse un dividende annuel de 2 $ par action et qu'il possède 100 actions, il recevra un total de 200 $ en dividendes chaque année. S'il réinvestit ces dividendes pour acheter des actions supplémentaires, il pourra augmenter sa participation dans l'entreprise et générer davantage de dividendes à l'avenir.

Certaines entreprises ont une histoire de versement de dividendes réguliers et croissants. Ces entreprises sont souvent appelées des "actions de dividende" ou des "actions à haut rendement". Les investisseurs peuvent rechercher ces actions pour générer des revenus passifs à long terme.

Cependant, il faut noter que les dividendes ne sont pas garantis et peuvent être réduits ou suspendus à tout moment. Les investisseurs doivent effectuer des recherches approfondies sur les entreprises avant d'investir et doivent être conscients des risques associés à l'investissement en actions.

- **La vente de produits en ligne**

Si vous avez une boutique en ligne ou si vous vendez des produits sur une plateforme comme Amazon ou eBay, vous pouvez générer des revenus passifs grâce aux ventes. Vous pouvez vendre des produits que vous avez créés vous-même, ou des produits que vous achetez en gros pour les revendre. Les revenus passifs provenant de la vente de produits en ligne dépendent de la demande pour vos produits et de la qualité de votre marketing.

Il faut également diversifier vos sources de revenus pour éviter de dépendre d'une seule source. Vous pouvez envisager d'autres options telles que la bourse, les investissements en ligne, le crowdfunding, ou encore la création de produits numériques.

Exemples :

- Claire a investi dans des actions et gagne des dividendes tous les trimestres. Elle
diversifie ses investissements en achetant des actions dans différentes entreprises pour réduire les risques.

- Paul a créé un cours en ligne sur le marketing numérique et le vend sur différentes
plateformes. Cela lui permet de générer des revenus passifs en vendant le cours à plusieurs personnes sans avoir à travailler chaque fois.

Il est crucial de se rappeler que le processus pour atteindre l'indépendance financière est un marathon et non un sprint. Cela peut prendre plusieurs années pour atteindre votre objectif. Cependant, avec une stratégie efficace et une discipline rigoureuse, vous pouvez atteindre votre objectif plus rapidement que vous ne le pensez.

• Les fonds de placement immobilier (REITs)

Investir dans des fonds de placement immobilier (REITs) est une stratégie d'investissement populaire pour générer des revenus passifs. Les REITs sont des sociétés qui investissent dans l'immobilier, tels que des propriétés résidentielles, commerciales ou industrielles, et permettent aux investisseurs d'acheter des actions de ces sociétés.

L'un des avantages des REITs est que les investisseurs peuvent bénéficier d'une exposition à l'immobilier sans avoir à acheter une propriété eux-mêmes. Les REITs ont également des avantages fiscaux, tels que la réduction des impôts sur les gains en capital et les dividendes, qui peuvent être particulièrement attractifs pour les investisseurs à long terme.

Les REITs sont souvent divisés en deux catégories principales : les REITs de capitaux propres et les REITs de créances. Les REITs de capitaux propres investissent directement dans l'immobilier en achetant et en gérant des propriétés. Les investisseurs dans ces REITs peuvent bénéficier d'une augmentation de la valeur des actifs immobiliers ainsi que de dividendes réguliers.

Les REITs de créances, quant à eux, investissent dans des prêts hypothécaires et des titres adossés à des actifs immobiliers. Les investisseurs dans ces REITs perçoivent des intérêts réguliers sur les prêts immobiliers ou les titres qu'ils détiennent plutôt que des dividendes basés sur les bénéfices de la location de biens immobiliers.

Il faut noter que les REITs présentent également des risques pour les investisseurs. Comme pour tout investissement, il existe un risque de perte de capital, notamment si les actifs immobiliers dans lesquels les REITs ont investi perdent de la valeur. Les REITs peuvent aussi être affectés par des facteurs économiques tels que les taux d'intérêt et les tendances du marché immobilier.

Cependant, pour atténuer ces risques, les investisseurs peuvent diversifier leur portefeuille en investissant dans plusieurs REITs, ainsi que dans d'autres classes d'actifs.

En outre, les REITs ont des règles strictes à suivre pour conserver leur statut fiscal avantageux. Par exemple, les REITs doivent distribuer au moins 90% de leurs bénéfices sous forme de dividendes à leurs actionnaires chaque année. Cela signifie que les investisseurs peuvent s'attendre à des paiements réguliers de dividendes, ce qui en fait une source de revenus passifs fiable.

Il existe de nombreux types de REITs, chacun avec ses propres avantages et inconvénients. Les REITs résidentiels peuvent être une bonne option pour les investisseurs qui cherchent à investir dans des propriétés locatives, tandis que les REITs commerciaux peuvent être une option pour ceux qui souhaitent investir dans des centres commerciaux ou des bâtiments de bureaux.

Il est également important de considérer les frais associés à l'investissement dans les REITs. Les REITs ont des frais de gestion, qui peuvent varier en fonction du type de REIT et du gestionnaire de fonds.

Prenons l'exemple de Jean qui souhaite investir dans l'immobilier, mais qui ne veut pas acheter une propriété. Il décide d'investir dans un REIT qui se spécialise dans l'investissement dans des propriétés commerciales.

Le REIT détient un portefeuille de propriétés commerciales, tels que des centres commerciaux, des bureaux, des entrepôts et des hôtels, et génère des revenus grâce à la location de ces propriétés. Le REIT peut aussi réaliser des plus-values en vendant ces propriétés à un prix supérieur à celui auquel il les a achetées.

En tant qu'investisseur, Jean décide d'acheter des actions du REIT. Le REIT distribue régulièrement des dividendes aux actionnaires, qui représentent une part des bénéfices réalisés par le fonds grâce à la location et à la vente des propriétés. Ces dividendes sont considérés comme des revenus passifs pour l'investisseur, car il n'a pas à gérer activement les propriétés ou les locataires.

Le REIT dans cet exemple a des frais de gestion, qui sont déduits des revenus du fonds avant que les dividendes soient distribués aux actionnaires. Cependant, ces frais sont souvent plus faibles que ceux associés à l'achat et à la gestion d'une propriété immobilière directement.

Le REIT dans cet exemple est aussi soumis à des risques tels que la vacance locative, la fluctuation des taux d'intérêt, la concurrence dans le marché immobilier et les changements dans les tendances économiques. Toutefois, en diversifiant son portefeuille, en investissant dans plusieurs REITs et dans d'autres classes d'actifs, l'investisseur peut atténuer ces risques.

- **Les fonds indiciels**

Les fonds indiciels sont des instruments d'investissement relativement nouveaux, mais ils ont déjà prouvé leur efficacité pour générer des revenus passifs de manière simple et peu coûteuse. Les fonds indiciels répliquent la performance d'un indice boursier particulier, tel que le S&P 500, le Dow Jones Industrial Average ou le NASDAQ Composite.

L'un des principaux avantages des fonds indiciels est qu'ils permettent aux investisseurs de posséder une petite partie de nombreuses entreprises en une seule transaction. Cela signifie que les investisseurs peuvent diversifier leur portefeuille avec une seule transaction, ce qui réduit les risques. De plus, la gestion passive des fonds indiciels signifie que les coûts de gestion sont généralement beaucoup moins élevés que pour les fonds gérés activement.

Les fonds indiciels sont également faciles à acheter et à vendre, ce qui les rend très liquides. Les investisseurs peuvent acheter et vendre des parts de fonds indiciels comme ils le souhaitent, ce qui en fait un choix très pratique pour ceux qui cherchent à générer des revenus passifs.

L'un des principaux avantages des fonds indiciels est leur relative stabilité. Les fonds indiciels ont tendance à suivre les tendances du marché boursier dans son ensemble, plutôt que de dépendre de la performance d'une entreprise individuelle. Cela signifie que les investisseurs peuvent s'attendre à des rendements relativement stables et prévisibles sur le long terme, plutôt que d'être à la merci des hauts et des bas de l'industrie ou de la performance d'une entreprise particulière.

En investissant dans un fonds indiciel, les investisseurs peuvent également profiter de la croissance du marché boursier dans son ensemble. Les fonds indiciels sont conçus pour répliquer la performance d'un indice boursier spécifique, ce qui signifie que les investisseurs peuvent bénéficier de la croissance à long terme du marché boursier. Bien sûr, il y a toujours des risques associés à l'investissement dans le marché boursier, mais les fonds indiciels offrent une option relativement stable pour les investisseurs à long terme.

Imaginons que vous investissiez dans un fonds indiciel qui suit l'indice boursier S&P 500, qui est l'un des indices les plus largement utilisés pour suivre la performance du marché boursier américain. L'indice est composé des 500 plus grandes entreprises cotées en bourse aux États-Unis.

Supposons que le S&P 500 ait augmenté de 10 % au cours de l'année, cela signifie que la valeur de votre fonds indiciel aurait également augmenté de 10 %. Si vous aviez investi 10 000 $ dans ce fonds, votre investissement aurait augmenté de 1 000 $ en un an.

C'est un exemple très simplifié, mais cela montre comment les fonds indiciels peuvent offrir une exposition à un marché boursier dans son ensemble avec une relative stabilité, tout en évitant les risques spécifiques liés à la détention d'actions individuelles. En effet, plutôt que de choisir des actions individuelles, les investisseurs peuvent investir dans un portefeuille diversifié d'actions qui reflète la performance de l'indice boursier choisi.

Les fonds indiciels peuvent également être très peu coûteux en raison de leur stratégie d'investissement passivent. Les fonds indiciels n'ont pas besoin d'analystes en gestion de portefeuille pour sélectionner des actions individuelles, ce qui signifie que les coûts de gestion sont souvent très bas. Cela peut être un avantage pour les investisseurs qui cherchent à réduire les frais de gestion de leur portefeuille.

- **Création de contenu en ligne**

La création de contenu en ligne est devenue un moyen de plus en plus populaire pour générer des revenus passifs. Il s'agit de créer des contenus numériques, tels que des blogs, des vidéos, des podcasts, des livres électroniques, des cours en ligne, etc., et de les diffuser sur Internet. Si vous avez suffisamment de trafic sur votre site web, vous pouvez monétiser votre contenu de plusieurs façons, y compris la publicité et les programmes d'affiliation.

L'un des moyens les plus courants de générer des revenus passifs avec la création de contenu en ligne est de placer des publicités sur votre site web. Les annonceurs peuvent payer pour afficher des publicités sur votre site web, en fonction du nombre de clics ou d'impressions générées. Les plateformes publicitaires telles que Google AdSense et Mediavine peuvent faciliter ce processus en gérant les annonces pour vous et en vous payant en fonction de votre trafic.

Les programmes d'affiliation sont un autre moyen populaire de gagner de l'argent avec la création de contenu en ligne. Les programmes d'affiliation vous permettent de promouvoir les produits d'autres entreprises et de recevoir une commission sur les ventes que vous générez.

Par exemple, si vous écrivez un article sur les meilleures chaussures de course et que vous incluez un lien vers une paire de chaussures sur Amazon, vous pouvez gagner une commission si un lecteur achète ces chaussures en utilisant votre lien.

Il existe de nombreux programmes d'affiliation différents que vous pouvez utiliser, tels que le programme d'affiliation Amazon Associates, le programme d'affiliation ClickBank, le programme d'affiliation ShareASale, etc. La clé est de choisir des produits et des programmes d'affiliation qui sont pertinents pour votre public et qui ont une bonne réputation.

En plus de la publicité et des programmes d'affiliation, vous pouvez également monétiser votre contenu en ligne en vendant des produits numériques tels que des livres électroniques, des cours en ligne, des abonnements, etc. Ces produits peuvent être créés une seule fois et vendus de manière récurrente, ce qui en fait un excellent moyen de générer des revenus passifs.

Par exemple, si vous êtes un expert en marketing numérique, vous pouvez créer un cours en ligne sur les meilleures pratiques en matière de référencement et le vendre en ligne. Vous pouvez aussi écrire un livre électronique sur les techniques de marketing des médias sociaux et le vendre sur des plateformes telles qu'Amazon Kindle.

> *"Le secret pour atteindre l'Early Retirement est de dépenser moins que ce que vous gagnez et d'investir le reste."*
>
> **Warren Buffett**

3. Les stratégies pour accélérer l'indépendance financière

Au cours du 18ème siècle, Benjamin Franklin, l'un des Pères Fondateurs des États-Unis, a publié un petit livre intitulé "Les maximes du bonhomme Richard". L'un des proverbes les plus célèbres de ce livre est "Un penny économisé est un penny gagné".

Franklin a vécu selon ce principe tout au long de sa vie, économisant méticuleusement son argent et investissant judicieusement dans des projets rentables. Il a également créé des entreprises prospères et a travaillé dur pour accroître sa richesse.

En appliquant des principes d'économie et d'investissement judicieux, Franklin a pu prendre sa retraite à l'âge de 42 ans et se consacrer à des projets plus créatifs et intellectuels. Cette anecdote souligne l'importance de la discipline financière et de l'investissement dans l'atteinte de l'indépendance financière et de la retraite anticipée.

Comment augmenter vos revenus grâce aux "side hustle"

Les "side hustles" sont des activités complémentaires que l'on peut entreprendre en parallèle de son emploi principal, dans le but d'augmenter ses revenus et atteindre plus rapidement son indépendance financière. En français, on peut les appeler des "petits boulots" ou des "jobs supplémentaires".

Même si le terme "side hustle" est plutôt répandu aux États-Unis, il existe par ailleurs en France de nombreuses possibilités pour en trouver. Les "side hustles" peuvent aller de petits travaux à domicile à la vente en ligne de produits ou de services.

En termes de nature, les "side hustles" peuvent consister à vendre des objets sur des sites d'e-commerce tels qu'eBay, Amazon, Le Bon Coin ou Etsy. D'autres exemples peuvent inclure des activités telles que des missions de freelance, des tâches d'assistance virtuelle, des enquêtes rémunérées en ligne, des visites guidées, des services de garde pour animaux de compagnie ou des tutoriels de langue étrangère.

Voici 16 idées de "side hustle" qui pourraient vous aider à générer des revenus supplémentaires :

1.   Vente en ligne d'objets ou de produits artisanaux
2.   Offrir des services de garde pour animaux de compagnie
3.   Donner des cours particuliers ou des formations en ligne
4.   Effectuer des enquêtes en ligne pour des entreprises
5.   Offrir des services de nettoyage résidentiel
6.   Effectuer des tâches administratives pour les entreprises ou les particuliers
7.   Vente en ligne de produits alimentaires ou de produits bio
8.   Offrir des services de conciergerie pour les voyageurs
9.   Rédiger et éditer des articles en ligne pour des sites web ou des blogs
10.   Offrir des services de coaching en développement personnel ou professionnel
11.   Création de sites web pour les entreprises ou les particuliers
12.   Vente de vêtements, de chaussures ou d'accessoires en ligne
13.   Offrir des services de traduction de documents pour les entreprises
14.   Fournir des services de marketing en ligne pour les entreprises
15.   Offrir des services de photographie ou de graphisme pour les événements et les entreprises

16. Fournir des services de maintenance de sites web pour les entreprises

Il existe des sites web en français tels que fr.freelancer.com, codeur.com, ComeUp.com ou fiverr.com qui peuvent vous aider à trouver des "side hustles" appropriés et vous donner des conseils sur la façon de démarrer. En outre, vous pouvez trouver des ressources en ligne telles que des blogs, des vidéos et des podcasts pour vous aider à créer votre activité de "side hustle".

En fin de compte, les "side hustles" sont une excellente manière de générer des revenus supplémentaires et d'accélérer votre progression vers l'indépendance financière. Il faut garder à l'esprit que ces activités ne doivent pas être stressantes ou être en conflit avec votre emploi principal. Vous devez être en mesure de les intégrer facilement dans votre emploi du temps sans trop de stress. Comme le dit le célèbre adage, "ne mettez pas tous vos œufs dans le même panier". Avoir une variété de sources de revenus peut être très bénéfique, surtout dans un monde auquel l'emploi à vie n'est plus la norme. Les "side hustles" peuvent vous aider à développer de nouvelles compétences, à élargir votre réseau et à vous donner une certaine flexibilité financière. Ils peuvent également vous permettre d'explorer des passions ou des intérêts que vous n'avez pas eus l'occasion de poursuivre dans votre emploi principal.

Cependant, avant de vous lancer dans une activité de "side hustle", il faut faire des recherches pour savoir si cela convient à vos compétences, à votre emploi du temps et à vos objectifs financiers. Vous devrez également tenir compte des aspects juridiques et fiscaux liés à votre activité.

Il est aussi important de maintenir un équilibre entre votre travail principal et vos "side hustles". Vous ne voulez pas que votre activité secondaire prenne le pas sur votre travail principal, car cela peut nuire à votre carrière et à vos revenus. Vous devez être réaliste quant à vos limites de temps et d'énergie, et apprendre à gérer efficacement votre temps.

LE SAVIEZ-VOUS ?

Saviez-vous que l'accélération de l'indépendance financière ne nécessite pas seulement de réduire vos dépenses et d'investir judicieusement, mais aussi d'augmenter vos revenus grâce à des "side hustles" ?

Un "side hustle" est une activité supplémentaire que vous entreprenez en dehors de votre travail principal pour gagner de l'argent. Cela peut être quelque chose d'aussi simple que de vendre des produits d'occasion en ligne ou de donner des cours particuliers en ligne. De nombreux "side hustles" peuvent être lancés avec peu ou pas de capital initial, mais peuvent générer des revenus supplémentaires significatifs.

Par exemple, si vous êtes doué pour la création de contenu, vous pouvez créer une chaîne YouTube ou un blog et gagner de l'argent grâce aux publicités et aux partenariats de sponsoring. Si vous avez des compétences en marketing, vous pouvez devenir un affilié pour des marques et gagner des commissions sur les ventes que vous générez pour eux. Si vous avez des compétences en programmation, vous pouvez travailler en tant que freelance pour des entreprises qui ont besoin de services de développement de logiciels.

Le développement de "side hustles" peut accélérer considérablement votre indépendance financière en vous permettant de générer des revenus supplémentaires sans avoir à prendre un deuxième emploi à temps plein. En effet, chaque euro supplémentaire que vous gagnez vous rapproche de votre objectif de retraite anticipée.

Par exemple, si vous êtes en mesure de générer un revenu supplémentaire de 500 euros par mois grâce à vos "side hustles", cela peut signifier une économie de 6 000 euros par an, soit une économie de 60 000 euros sur une période de 10 ans. Ce revenu supplémentaire peut également être utilisé pour accélérer le remboursement de vos dettes, ce qui peut vous aider à économiser sur les intérêts et à améliorer votre solvabilité.

Comment atteindre une retraite anticipée en moins de 10 ans

La retraite anticipée est un rêve pour beaucoup de personnes. Toutefois, le chemin vers l'indépendance financière peut sembler long et difficile. Dans cette section, nous allons vous présenter des techniques et des méthodes pour atteindre une retraite anticipée en moins de 10 ans.

Tout d'abord, il est crucial de comprendre que chaque situation est unique et qu'il n'y a pas de solution universelle. Cependant, nous pouvons vous donner des exemples de personnes qui ont réussi à atteindre leur retraite anticipée en moins de 10 ans grâce à leur stratégie financière.

Voici les principales techniques et méthodes pour atteindre une retraite anticipée en moins de 10 ans :

- **Adopter un mode de vie frugal**

L'adoption d'un mode de vie frugal est une technique populaire pour atteindre une retraite anticipée en moins de 10 ans. Cela implique de vivre en dessous de ses moyens et d'économiser de l'argent en évitant les dépenses inutiles et en choisissant des alternatives moins coûteuses. Cette approche est souvent associée à une vie plus simple, mais elle peut également offrir une plus grande liberté financière et une meilleure qualité de vie.

Un exemple de personne ayant atteint l'indépendance financière grâce à son mode de vie frugal est M. Money Mustache. Il a réussi à atteindre cet objectif en seulement 9 ans en adoptant un mode de vie minimaliste. Il a choisi de vivre dans une petite maison, de se déplacer à vélo plutôt qu'en voiture, de cuisiner ses propres repas plutôt que de manger au restaurant et de réduire ses dépenses générales au strict minimum. Cette approche lui a permis d'économiser une grande partie de ses revenus, ce qui a finalement conduit à son indépendance financière.

Il y a de nombreuses façons d'adopter un mode de vie frugal et de réduire les dépenses inutiles. Voici quelques exemples :

➢ **Réduire les coûts de logement**
Il est souvent possible de réduire considérablement les coûts de logement en optant pour une maison ou un appartement plus petit ou en colocation. En réduisant les coûts de logement, vous pouvez économiser une somme considérable chaque mois.

➢ **Réduire les coûts de transport**
Le coût de la voiture est généralement l'un des plus gros postes de dépenses pour les ménages. En choisissant des alternatives moins coûteuses comme le vélo, les transports en commun ou le covoiturage,

vous pouvez économiser de l'argent tout en réduisant votre impact environnemental.

➢ Réduire les coûts alimentaires

Les dépenses alimentaires peuvent représenter une part importante du budget mensuel. En choisissant de cuisiner à la maison plutôt que de manger au restaurant, en faisant des courses en gros et en achetant des produits locaux et de saison, vous pouvez réduire considérablement les coûts alimentaires.

➢ Réduire les coûts de divertissement

Les activités de divertissement peuvent généralement être coûteuses. En choisissant des alternatives moins coûteuses comme les promenades, les activités gratuites ou peu coûteuses dans votre communauté ou en organisant des soirées chez vous plutôt qu'au restaurant ou au bar, vous pouvez économiser de l'argent tout en profitant de la vie.

➢ Réduire les coûts de communication

Les coûts de communication peuvent également être réduits en choisissant des plans de téléphone et internet moins coûteux ou en utilisant des alternatives gratuites comme Skype ou WhatsApp pour communiquer avec vos amis et votre famille.

En adoptant un mode de vie frugal, il est possible de réduire considérablement les dépenses et de mettre de côté une somme considérable chaque mois. Cependant, il est important de se rappeler que l'objectif n'est pas de vivre de manière misérable ou de sacrifier son confort pour économiser de l'argent. Au lieu de cela, il s'agit de trouver un équilibre entre la frugalité et la qualité de vie. En faisant des choix conscients pour économiser de l'argent sur les choses qui sont moins importantes pour vous, vous pouvez vous permettre de dépenser plus sur les choses qui ont une valeur plus élevée pour vous.

Il est également important de garder à l'esprit que l'adoption d'un mode de vie frugal est un choix personnel et que cela ne convient pas à tout le monde. Certaines personnes peuvent préférer vivre plus confortablement et dépenser plus sur les choses qui leur tiennent à cœur. Cependant, pour ceux qui cherchent à atteindre une plus grande liberté financière et à réaliser leurs rêves plus rapidement, un mode de vie frugal peut être une option intéressante.

- **Créer des revenus passifs**

Créer des revenus passifs est une stratégie populaire pour atteindre l'indépendance financière en générant des revenus réguliers sans avoir à travailler activement. Cette approche peut être très intéressante pour les personnes qui cherchent à gagner de l'argent tout en ayant du temps libre pour poursuivre d'autres intérêts ou pour passer du temps avec leur famille. Les revenus passifs peuvent être générés de différentes manières, notamment par la possession de biens immobiliers locatifs, la création d'une audience importante sur un blog ou une chaîne YouTube, ou encore par la possession de placements financiers tels que des actions et des obligations.

Un exemple courant de revenus passifs est la possession de biens immobiliers locatifs. En possédant un immeuble ou une propriété qui est loué, un propriétaire peut générer des revenus réguliers sous forme de loyers sans avoir à travailler activement. Bien sûr, il y a des coûts associés à la possession de biens immobiliers, particulièrement les taxes foncières, les frais d'entretien et de réparation, ainsi que les frais d'assurance. Cependant, si le revenu locatif est suffisamment élevé pour couvrir ces coûts, il peut être possible de générer un revenu passif net intéressant.

Un autre exemple de revenus passifs est la création d'une audience importante sur un blog ou une chaîne YouTube. Les blogueurs et les YouTubers peuvent gagner de l'argent grâce à la publicité, aux parrainages, aux produits affiliés et à la vente de produits numériques tels que des livres électroniques et des cours en ligne. Pour générer un revenu passif grâce à un blog ou une chaîne YouTube, il faut publier du contenu de qualité et d'interagir régulièrement avec son audience. La création d'une audience fidèle et engagée peut prendre du temps, mais une fois que l'audience est suffisamment importante, il est possible de générer un revenu passif intéressant.

Les placements financiers sont également un moyen courant de générer des revenus passifs. Les actions, les obligations et les fonds communs de placement peuvent tous générer des dividendes ou des intérêts réguliers sans que l'investisseur ait à travailler activement. Cependant, il est crucial de rappeler que les investissements comportent des risques et que les rendements passés ne garantissent pas les rendements futurs.

Il y a d'autres façons de générer des revenus passifs, notamment par la location de biens personnels tels que des voitures, des outils de bricolage et des instruments de musique. Les propriétaires de locations de vacances peuvent également générer des revenus passifs en louant leur propriété à court terme. Les investissements immobiliers tels que les fonds de placement immobilier (FPI) peuvent aussi offrir un revenu passif.

Il est important de noter que la création de revenus passifs peut prendre du temps et des efforts initiaux. Par exemple, la création d'un blog ou d'une chaîne YouTube avec une audience importante peut prendre des mois ou même des années. De même, l'achat et la gestion de biens immobiliers locatifs peut être chronophage et nécessiter une expertise spécifique. Il faut faire preuve de patience et de persévérance pour obtenir des résultats.

Cependant, une fois que les revenus passifs commencent à se développer, ils peuvent être une source de revenus réguliers qui peuvent aider à atteindre l'indépendance financière. En effet, ils peuvent permettre de générer un revenu complémentaire ou même de remplacer complètement les revenus d'activité, offrant ainsi une plus grande liberté et une plus grande flexibilité dans la gestion de son temps.

- **Augmenter ses revenus avec les "side hustles"**

  - ❖ Mener des activités secondaires en plus de son travail principal
  - ❖ Proposer ses services en tant que freelance dans son domaine d'expertise
  - ❖ Donner des cours particuliers en ligne ou en personne
  - ❖ Faire du babysitting pour des familles dans son quartier.

Exemple :

Une personne peut proposer ses services en tant que freelance dans son domaine d'expertise et facturer pour chaque projet réalisé. Une autre personne peut donner des cours particuliers en ligne ou en personne, ou encore faire du babysitting pour des familles dans son quartier.

- **Diversifier ses investissements**

  - ❖ Minimiser les risques en investissant dans différentes catégories d'actifs
  - ❖ Investir dans des actions, des obligations, des fonds d'investissement, ou encore dans l'immobilier
  - ❖ Faire attention aux frais, qui peuvent réduire significativement le rendement de vos investissements

Exemple :

Si une entreprise dans laquelle vous avez investi des actions fait faillite, cela peut avoir un impact sur votre portefeuille, mais si vous avez aussi investi dans des obligations ou des fonds d'investissement, l'impact sera moins important.

Il est à noter que certaines erreurs peuvent être fatales pour votre plan de retraite anticipée. Par exemple, l'endettement excessif peut rapidement faire dérailler vos efforts d'économies et d'investissements. Il est donc important de rembourser vos dettes avant de commencer à investir.

De plus, il est crucial de rester discipliné et de suivre votre plan à long terme. Il peut être tentant de céder à des dépenses impulsives ou de changer de stratégie d'investissement en fonction des fluctuations du marché, mais cela peut compromettre vos objectifs de retraite anticipée.

Enfin, il est conseillé de consulter un professionnel de la finance pour vous aider à mettre en place un plan de retraite anticipée adapté à votre situation personnelle. Un expert pourra vous aider à choisir les meilleurs investissements en fonction de vos objectifs de retraite et de votre tolérance au risque.

En suivant ces techniques et méthodes, et en restant discipliné dans votre approche, vous pouvez atteindre une retraite anticipée en moins de 10 ans. Cela peut sembler difficile, mais c'est tout à fait possible si vous êtes prêt à faire les sacrifices nécessaires pour atteindre vos objectifs financiers à long terme.

Les investissements possibles

Investir de manière judicieuse est un élément clé pour atteindre une retraite anticipée. Les choix d'investissement que vous faites aujourd'hui auront un impact significatif sur votre avenir financier. Il est important de diversifier vos investissements pour minimiser les risques et maximiser les rendements.

- **Les actions**

Les actions sont une forme d'investissement populaire. Les actions sont des parts d'une entreprise, et leur valeur peut augmenter ou diminuer en fonction de la performance de l'entreprise. Les investissements en actions sont connus pour être plus risqués que d'autres formes d'investissement, mais ils offrent également un potentiel de rendement plus élevé.

L'investissement en actions peut être comparé à la culture d'un arbre. Vous plantez la graine aujourd'hui, et avec le temps, l'arbre grandit et devient plus fort. De même, avec des investissements judicieux dans des actions solides, vous pouvez regarder votre argent croître avec le temps.

Par exemple, investir dans des actions de grandes marques comme Apple, Microsoft ou Amazon peut être une stratégie gagnante à long terme. En 2004, un investissement de 10 000 $ sur Amazon valait environ 400 000 $ en 2021.

- **Les obligations**

Lorsque vous planifiez une retraite anticipée, il faut prendre en compte tous les types d'investissements qui pourraient vous aider à atteindre votre objectif financier. Les obligations sont l'un des choix les plus populaires pour les investisseurs qui cherchent une sécurité financière à long terme.

Les obligations sont des investissements à faible risque qui offrent des rendements fixes et stables. Les obligations d'État sont considérées comme les plus sûres, car elles sont soutenues par le gouvernement et présentent un risque de défaut très faible. Les obligations d'entreprises, en revanche, sont un peu plus risquées, parce qu'elles dépendent de la santé financière de l'entreprise émettrice.

Il existe différents types d'obligations, chacun ayant ses propres avantages et inconvénients. Les obligations à court terme ont des échéances de moins de deux ans et sont souvent utilisées pour des stratégies de placement à court terme. Les obligations à long terme ont des échéances de plus de 10 ans et sont considérées comme des investissements à plus long terme. Les obligations municipales sont des obligations émises par les gouvernements locaux et sont fréquemment exonérées d'impôt.

Les obligations peuvent être achetées individuellement ou via un fonds obligataire, qui est un portefeuille de différentes obligations gérées par un gestionnaire de fonds professionnel. Les fonds obligataires peuvent offrir un niveau de diversification plus élevé, ce qui peut aider à réduire le risque global d'un portefeuille.

Voici quelques exemples d'obligations :

➢ Les obligations d'État américaines
Ces obligations sont considérées comme les plus sûres, car elles sont soutenues par le gouvernement américain. Les obligations du Trésor à 10 ans offrent actuellement un taux d'intérêt d'environ 1,6 %.

➢ Les obligations d'entreprises

Ces obligations sont émises par des entreprises et ont généralement un rendement plus élevé que les obligations d'État. Cependant, elles présentent également un risque plus élevé. Les obligations d'entreprise d'Apple, par exemple, offrent actuellement un taux d'intérêt approximativement 2,6 %.

➢ Les obligations municipales

Ces obligations sont émises par des gouvernements locaux et sont souvent exonérées d'impôt. Les obligations municipales de New York offrent actuellement un taux d'intérêt approximativement 2,5 %.

➢ Les obligations à haut rendement

Aussi connues sous le nom d'obligations pourries, ces obligations offrent des rendements plus élevés que les obligations d'État et les obligations d'entreprises, mais présentent par ailleurs un risque plus élevé. Les obligations à haut rendement de Ford Motor Company, par exemple, offrent actuellement un taux d'intérêt approximativement 7,5 %.

Il est important de noter que les taux d'intérêt et les rendements peuvent varier en fonction de différents facteurs économiques et de marché, et qu'il est important de comprendre les risques et les avantages de chaque investissement avant de prendre une décision. Envisagez de travailler avec un conseiller financier professionnel pour vous aider à choisir les meilleurs investissements pour atteindre vos objectifs de retraite anticipée.

● Les fonds communs de placement

Les fonds communs de placement sont une forme d'investissement qui permet à plusieurs investisseurs de contribuer de l'argent à un portefeuille d'investissement commun. Les fonds communs de placement sont gérés par des professionnels de l'investissement, ce qui signifie que vous n'avez pas besoin d'être un expert en investissement pour participer.

L'investissement en fonds communs de placement peut être comparé à un barbecue de quartier. Chaque invité apporte quelque chose de différent à la table, et ensemble, vous partagez un délicieux repas. De même, en investissant dans un fonds commun de placement, vous contribuez à un portefeuille diversifié et partagez les gains.

Par exemple, Vanguard est une société de fonds communs de placement bien connue, offrant des options pour les investisseurs débutants et expérimentés.

- **L'immobilier**

L'investissement dans l'immobilier peut offrir des rendements stables et une source de revenus passifs à long terme. L'immobilier peut prendre de nombreuses formes, y compris l'achat d'une propriété locative ou l'investissement dans des fonds immobiliers.

L'achat d'une propriété locative peut être un investissement à long terme rentable, car vous pouvez générer des revenus locatifs réguliers tout en accumulant de la valeur à mesure que le bien immobilier prend de la valeur au fil du temps. Cependant, cela peut également être un investissement risqué, parce que la gestion des propriétés peut être coûteuse et les loyers ne sont pas toujours stables.

Les fonds immobiliers sont un autre moyen d'investir dans l'immobilier sans avoir à gérer directement une propriété locative. Ces fonds sont constitués d'un portefeuille d'investissements immobiliers gérés par des professionnels, et les investisseurs reçoivent des dividendes réguliers en fonction des performances du fonds.

Il faut noter que l'investissement dans l'immobilier peut nécessiter un capital initial important et peut être illiquide, ce qui signifie que vous ne pouvez pas facilement vendre votre investissement en cas de besoin urgent de liquidités.

En fin de compte, il est important de trouver un équilibre entre des investissements risqués, mais potentiellement rentables, et des investissements plus sûrs, mais moins rentables. Il est également important de diversifier votre portefeuille d'investissement pour minimiser les risques et maximiser les rendements à long terme. L'assistance d'un conseiller financier professionnel peut être bénéfique pour vous aider à choisir les investissements les plus adaptés à votre situation financière et vos objectifs de retraite anticipée.

Les erreurs à éviter dans votre plan de retraite anticipée

Atteindre une retraite anticipée est un objectif que beaucoup de personnes poursuivent, mais il est important de se rappeler que ce n'est pas une tâche facile. Il existe de nombreuses erreurs à éviter pour réussir votre plan de retraite anticipée. Voici quelques-unes des erreurs les plus courantes à éviter.

La première erreur à éviter est de ne pas établir de budget clair et précis. Sans un budget détaillé, il sera difficile de savoir combien vous pouvez économiser et combien vous devez dépenser pour atteindre votre objectif de retraite anticipée. Vous devez prendre en compte toutes vos dépenses, y compris les dépenses courantes, les factures, les loisirs, etc. Il est également important de suivre régulièrement vos dépenses pour vous assurer que vous restez dans votre budget.

Une autre erreur courante est de ne pas avoir une stratégie claire d'économie d'argent. Vous devez savoir où vous pouvez économiser de l'argent pour atteindre votre objectif de retraite anticipée. Cela peut inclure la réduction de vos dépenses courantes, l'achat de biens d'occasion, ou encore l'utilisation de coupons de réduction ou de programmes de fidélité. En d'autres termes, vous devez être prêt à vivre de manière plus modeste si vous voulez atteindre votre objectif de retraite anticipée.

Il est essentiel de ne pas investir dans des entreprises risquées ou mal gérées. Si vous investissez dans une entreprise qui n'est pas en mesure de générer des profits ou qui a une mauvaise gestion, vous risquez de perdre de l'argent et de mettre votre plan de retraite anticipée en péril. Il est donc essentiel de faire des recherches approfondies avant de prendre des décisions d'investissement.

Ne pas avoir un plan de sortie clair en cas d'urgence est aussi une erreur courante. Il est important d'avoir un fonds d'urgence pour faire face aux imprévus, comme une perte d'emploi ou une maladie, qui pourraient compromettre votre plan de retraite anticipée. Vous devriez prévoir une somme suffisante pour couvrir vos dépenses pendant au moins six mois, voire plus.

Enfin, il est important de ne pas se concentrer uniquement sur l'argent et de négliger les autres aspects de la vie. Vous devez être sûr que vous êtes prêt à faire face aux changements de style de vie qui se produiront une fois que vous aurez atteint votre objectif de retraite anticipée. Il est également important de ne pas sacrifier votre santé ou votre bien-être mental et physique pour atteindre votre objectif de retraite anticipée.

Si vous voulez réussir votre plan de retraite anticipée, vous devez éviter les erreurs courantes. Vous devez établir un budget clair, avoir une stratégie d'économie d'argent, investir dans des entreprises saines, avoir un plan de sortie clair en cas d'urgence, et être prêt à faire face aux changements de style de vie. En évitant ces erreurs, vous pouvez vous rapprocher de votre objectif de retraite anticipée avec succès.

> *"La retraite anticipée n'est pas un rêve inaccessible, mais une réalité que vous pouvez atteindre en planifiant et en mettant en place des stratégies efficaces."*
>
> **Olivier Seban**

4. Vivre la retraite anticipée

L'une des premières personnes à populariser l'idée de la retraite anticipée est un homme nommé Billy et son épouse Akaisha Kaderli. Ils ont travaillé pendant plus de 20 ans en tant que courtiers en bourse et ont décidé de prendre leur retraite anticipée dans les années 90, à l'âge de 38 ans.

Leur décision a été motivée par une envie de vivre une vie plus simple et moins stressante, et ils ont commencé à économiser et à investir pour atteindre leur objectif. Après leur départ, ils ont décidé de voyager et de découvrir de nouveaux endroits à travers le monde, tout en étant prudents quant à leurs dépenses.

Ils ont documenté leur expérience sur leur site Web "Retire Early Lifestyle" et ont depuis inspiré de nombreux autres à suivre leur exemple. Ils ont également écrit plusieurs livres sur le sujet, y compris "The Adventurer's Guide to Early Retirement", qui a été publié en 2005.

Aujourd'hui, Billy et Akaisha continuent de profiter de leur retraite anticipée, voyageant et partageant leur expérience avec ceux qui cherchent à suivre leurs traces. Leur histoire est un exemple inspirant de la façon dont la retraite anticipée peut être atteinte avec une planification et une discipline financière, et comment elle peut conduire à une vie plus satisfaisante et remplie de sens.

Comment gérer vos finances pendant la retraite anticipée

La retraite anticipée peut sembler être un rêve lointain pour beaucoup, mais avec une stratégie solide, elle peut devenir une réalité. Cependant, une fois que vous atteignez votre objectif de retraite anticipée, la gestion de vos finances devient encore plus importante.

Pour bien comprendre comment gérer vos finances durant la retraite anticipée, il est important de revenir sur les fondamentaux de l'indépendance financière. En effet, l'indépendance financière est la pierre angulaire de toute stratégie de retraite anticipée. Cela signifie que vous devez avoir suffisamment d'argent pour couvrir vos dépenses de base sans avoir besoin de travailler.

Comment y parvenir ? Tout d'abord, il est essentiel de réduire vos dépenses. Cela peut sembler évident, mais la plupart des gens dépensent plus qu'ils ne le devraient. En pratiquant une vie frugale et en adoptant un zeste de minimalisme, vous pouvez économiser de l'argent sur le long terme.

Ensuite, vous devez investir judicieusement. Il existe différents types d'investissements, tels que les actions, les obligations, l'immobilier et les fonds indiciels. Chacun a ses avantages et ses inconvénients, et il est important de les comprendre pour pouvoir les utiliser à votre avantage.

Les revenus passifs sont également un élément clé de l'indépendance financière. Les revenus passifs sont des revenus que vous percevez sans avoir à travailler activement, tels que les revenus locatifs ou les dividendes d'actions. Pour générer des revenus passifs, il est nécessaire d'investir dans des actifs qui génèrent des flux de trésorerie réguliers.

Pour accélérer votre indépendance financière, vous pouvez envisager de créer des sources de revenus supplémentaires. Les "side hustle" sont des activités complémentaires que vous pouvez exercer en parallèle de votre travail principal pour générer des revenus supplémentaires. Par exemple, vous pouvez donner des cours particuliers, vendre des produits sur Internet ou louer une chambre de votre maison sur Airbnb.

Mais attention, il est important de ne pas commettre d'erreurs dans votre plan de retraite anticipée. Par exemple, ne misez pas tout sur un seul investissement ou ne vous endettez pas excessivement pour atteindre votre objectif plus rapidement.

Lorsque vous avez atteint votre indépendance financière et que vous pouvez prendre votre retraite anticipée, il est crucial de gérer vos finances de manière judicieuse. Établissez un budget réaliste et surveillez vos dépenses. Évitez les dettes inutiles et utilisez les revenus passifs que vous avez générés pour couvrir vos dépenses.

Profitez pleinement de votre temps libre, mais n'oubliez pas que la retraite anticipée comporte également des inconvénients, tels que le risque d'ennui ou de dépression. Il est donc important de continuer à cultiver des intérêts et des activités qui vous passionnent.

La retraite anticipée n'est pas réservée aux riches. Avec un peu de discipline et de détermination, vous pouvez atteindre votre indépendance financière et prendre votre retraite anticipée, tout en gérant vos finances de manière efficace. Cela nécessite une planification minutieuse, une gestion prudente de vos investissements et une discipline financière.

Comment profiter pleinement de votre temps libre

La retraite anticipée peut être une période passionnante de la vie, offrant une liberté et un temps supplémentaire pour poursuivre des passions et des intérêts personnels. Toutefois, il est essentiel de planifier comment vous allez utiliser votre temps libre pour éviter de vous ennuyer et de perdre une partie de votre identité professionnelle.

- **Cultivez des relations significatives**

Après une vie passée à travailler, vous pourriez réaliser que vous n'avez pas suffisamment de temps pour vos relations personnelles. La retraite anticipée est donc une excellente occasion de cultiver des relations significatives. Que vous soyez marié(e), en couple ou célibataire, passez du temps avec vos amis, votre famille ou vos voisins pour renforcer ces liens.

Si vous avez des enfants et des petits-enfants, organisez des activités avec eux pour vous rapprocher d'eux. Vous pourriez organiser des sorties en famille, des voyages ou des activités de loisirs.

- **Engagez-vous dans des activités bénévoles**

Le bénévolat est une excellente façon de donner de votre temps tout en contribuant à votre communauté. Vous pourriez aider dans un organisme de bienfaisance local ou offrir vos compétences professionnelles pour aider des organisations à but non lucratif.

Cela peut également vous donner un sentiment de satisfaction et de réalisation personnelle, ainsi que la possibilité de rencontrer de nouvelles personnes partageant les mêmes idées.

- **Trouvez de nouveaux passe-temps**

Il est essentiel de trouver des activités qui vous passionnent pour remplir votre temps libre après la retraite anticipée. Pensez à vos intérêts et à vos passions, qu'il s'agisse de la peinture, de la photographie, de la randonnée, de la lecture ou de la musique.

Trouvez des clubs ou des groupes locaux qui partagent vos intérêts pour vous impliquer davantage. Cela peut également vous aider à rencontrer de nouvelles personnes qui partagent les mêmes centres d'intérêt.

- **Voyagez**

La retraite anticipée offre une excellente occasion de voyager. Que vous souhaitiez partir à l'aventure dans un pays étranger ou simplement visiter des lieux locaux que vous n'avez jamais eus le temps de découvrir auparavant, il y a une multitude d'options de voyage à explorer.

Si vous préférez voyager en groupe, rejoignez un groupe de voyage organisé ou participez à des voyages de groupe pour rencontrer d'autres personnes et élargir votre cercle social.

- **Prenez soin de votre santé**

Il est essentiel de prendre soin de votre santé après la retraite anticipée pour profiter pleinement de votre temps libre. Cela peut inclure une alimentation saine, de l'exercice physique régulier et une bonne hygiène de vie en général.

Trouvez des activités de loisirs qui favorisent une vie saine et active, telles que la marche, la natation ou le yoga. Vous pourriez également envisager de consulter un professionnel de la santé pour obtenir des conseils sur la gestion de votre santé.

• Planifiez votre emploi du temps

Planifier votre emploi du temps peut vous aider à tirer le meilleur parti de votre temps libre après la retraite anticipée. Il est important de garder une routine pour éviter de vous ennuyer ou de perdre votre motivation.

Faites une liste des activités que vous souhaitez accomplir chaque jour, chaque semaine ou chaque mois. Cela peut inclure des activités de loisirs, des tâches ménagères, des rendez-vous de santé ou des activités sociales.

• Organisez votre espace de vie

La retraite anticipée peut être un excellent moment pour organiser et réaménager votre espace de vie. Vous pourriez passer du temps à désencombrer et à trier les objets que vous n'utilisez plus, ou réaménager votre maison pour créer un environnement plus confortable et adapté à vos nouveaux centres d'intérêt.

Envisagez de vous engager dans une activité créative, comme la décoration intérieure ou le bricolage, pour donner vie à vos projets de réaménagement.

• Apprenez de nouvelles compétences

La retraite anticipée peut également être un excellent moment pour apprendre de nouvelles compétences ou poursuivre une formation continue. Vous pourriez vous inscrire à des cours ou des ateliers pour améliorer vos compétences dans des domaines tels que l'informatique, les langues étrangères, la cuisine ou l'art.

Apprendre de nouvelles compétences peut non seulement vous aider à rester mentalement engagé et stimulé, mais aussi ouvrir de nouvelles portes pour des opportunités professionnelles ou personnelles.

La retraite anticipée est une période de la vie à laquelle vous pouvez pleinement profiter de votre temps libre pour poursuivre vos passions, découvrir de nouveaux centres d'intérêt et cultiver des relations significatives. En planifiant soigneusement votre emploi du temps, en prenant soin de votre santé et en explorant de nouvelles opportunités, vous pouvez rendre cette période de votre vie encore plus enrichissante et épanouissante.

Les avantages et inconvénients de la retraite anticipée

La retraite anticipée peut être considérée comme une véritable bénédiction pour ceux qui ont travaillé toute leur vie et qui souhaitent désormais profiter de leur temps libre et vivre totalement leur vie. Cependant, elle peut aussi présenter certains inconvénients pour ceux qui ne sont pas prêts à faire face aux changements qu'elle implique.

1. Avantages de la retraite anticipée

a. Liberté de temps

L'un des avantages les plus évidents de la retraite anticipée à 40 ans est la liberté de temps. Cela signifie que vous avez plus de temps pour faire ce que vous aimez, comme voyager, passer du temps avec votre famille et vos amis, pratiquer des loisirs, etc. Vous pouvez aussi utiliser ce temps libre pour vous former et vous lancer dans de nouveaux projets.

b. Réduire le stress

La retraite anticipée peut réduire considérablement le stress associé au travail. Vous n'avez plus à vous soucier des tâches de travail à accomplir, des délais à respecter, des réunions à organiser, etc. Cela peut avoir un impact positif sur votre santé mentale et physique.

c. Profiter de la vie

La retraite anticipée vous permet de profiter davantage de la vie. Vous pouvez prendre le temps de faire les choses que vous avez toujours voulu faire, comme voyager, passer plus de temps avec vos proches, essayer de nouveaux loisirs, etc. Vous pouvez aussi vous engager dans des activités de bénévolat ou caritatives, ce qui peut être gratifiant.

d. Investir dans les loisirs

Lorsque vous êtes en retraite anticipée, vous avez plus de temps et de liberté pour vous adonner à vos passions. Vous pouvez investir dans des activités que vous aimez, comme le golf, la voile, le jardinage, la cuisine, etc. Cela peut être une source de plaisir et de satisfaction personnelle.

e. Profiter de la bonne santé

Les personnes qui prennent leur retraite anticipée à 40 ans sont généralement en meilleure santé que celles qui travaillent jusqu'à un âge avancé. Cela leur donne plus de temps pour profiter de leur bonne santé et poursuivre des activités qui nécessitent une bonne condition physique.

2. Inconvénients de la retraite anticipée

a. <u>Coûts financiers</u>

L'un des plus grands inconvénients de la retraite anticipée est le coût financier. Les personnes qui prennent leur retraite anticipée doivent disposer de suffisamment d'économies pour subvenir à leurs besoins pendant de nombreuses années sans avoir de revenus réguliers. Elles doivent aussi être capables de gérer les coûts imprévus qui peuvent survenir, comme les dépenses de santé.

b. <u>Moins de sécurité financière</u>

Les personnes qui prennent leur retraite anticipée ont également moins de sécurité financière que celles qui continuent à travailler. Elles peuvent être confrontées à des défis financiers imprévus, comme des problèmes de santé coûteux, qui peuvent réduire considérablement leur épargne retraite.

c. <u>Isolement social</u>

La retraite anticipée peut parfois entraîner un isolement social, surtout si vous aviez l'habitude de travailler dans un environnement social et que vous n'avez pas encore de nouveaux passe-temps ou activités qui vous permettent de rencontrer de nouvelles personnes. Vous pouvez vous retrouver seul et cela peut avoir un impact négatif sur votre bien-être mental.

d. <u>Perte de sens de l'identité</u>

Le travail est souvent un élément clé de l'identité d'une personne et la retraite anticipée peut entraîner une perte de sens de l'identité pour certaines personnes. Vous pouvez vous sentir inutile ou perdre le sentiment d'accomplissement que le travail peut apporter. Cela peut affecter l'estime de soi et la confiance en soi.

e. Perte d'opportunités

La retraite anticipée peut également entraîner la perte d'opportunités de travail et de carrière que vous auriez pu avoir si vous étiez resté dans le monde du travail. Vous pouvez manquer des promotions, des opportunités d'apprentissage et de croissance professionnelle, ainsi que des avantages financiers à long terme.

f. Impact sur les relations

La retraite anticipée peut également avoir un impact sur les relations personnelles, notamment si votre conjoint ou votre famille n'est pas encore prêt à prendre sa retraite. Vous pouvez avoir des attentes différentes en matière de temps libre et de dépenses, ce qui peut entraîner des tensions et des conflits.

La retraite anticipée peut offrir une plus grande liberté, moins de stress et une plus grande opportunité de profiter de la vie. Cependant, cela peut aussi entraîner des défis financiers, un isolement social, une perte de sens de l'identité, une perte d'opportunités de travail et un impact sur les relations personnelles. Avant de prendre une décision de retraite anticipée, il est important de considérer attentivement tous les avantages et les inconvénients et de planifier en conséquence. Vous pouvez consulter un conseiller financier pour vous aider à évaluer votre situation financière et à déterminer si vous êtes prêt à prendre votre retraite anticipée.

LE SAVIEZ-VOUS ?

Saviez-vous que la retraite anticipée ne se résume pas seulement à économiser de l'argent et à arrêter de travailler ? C'est un mode de vie qui peut transformer radicalement votre vision de la vie.

Voici quelques astuces pour profiter pleinement de votre retraite anticipée :

➢ Saviez-vous que la retraite anticipée est devenue une tendance de plus en plus populaire au cours des dernières décennies ? En effet, le mouvement FIRE (Financial Independence, Retire Early) a gagné en popularité, poussant les gens à économiser et à investir de manière judicieuse pour atteindre leur indépendance financière plus tôt dans leur vie.

➢ Une fois que vous avez atteint votre objectif de retraite anticipée, il est important de trouver un équilibre entre votre temps et vos finances. Cela peut inclure des voyages, des loisirs, des activités de bénévolat ou des projets personnels que vous avez toujours voulu réaliser. En d'autres termes, profitez de votre temps libre pour faire ce que vous aimez.

➢ Cependant, il est important de ne pas oublier de gérer vos finances avec prudence. Il est conseillé d'avoir une réserve financière pour faire face aux imprévus, ainsi qu'un budget pour surveiller vos dépenses. Cela vous permettra de rester serein pendant votre retraite anticipée.

➢ Saviez-vous également que la retraite anticipée peut avoir des avantages sur votre santé physique et mentale ? En effet, le stress lié au travail peut entraîner des problèmes de santé tels que l'hypertension artérielle, le diabète et les maladies cardiaques. En prenant votre retraite anticipée, vous pouvez réduire votre niveau de stress et améliorer votre santé globale.

Conclusion

Tout d'abord, je tiens à vous remercier pour votre intérêt et votre attention envers mon livre "RETRAITE ANTICIPÉE - Les stratégies gagnantes pour quitter votre emploi plus tôt". Votre engagement et votre désir de prendre en main votre avenir financier sont une preuve de votre détermination à atteindre vos objectifs.

Je souhaite également m'excuser si, au cours de la lecture, vous avez rencontré des erreurs ou des imprécisions. Mon intention était de vous fournir des informations précises et utiles pour vous aider à planifier votre retraite anticipée. J'espère que malgré ces imperfections, vous avez pu trouver des conseils pertinents pour votre situation.

L'objectif de ce livre était de vous donner les moyens de réaliser votre rêve de vivre une retraite anticipée. J'espère que les différentes approches philosophiques, sociologiques, psychologiques, biologiques, politiques et spirituelles que j'ai présentées vous ont permis de voir la retraite anticipée sous un nouvel angle. En suivant les stratégies que j'ai décrites dans les différentes parties du livre, vous pourrez vous rapprocher de votre but plus rapidement.

Je vous souhaite de réussir dans votre projet de retraite anticipée. N'hésitez pas à utiliser les conseils que vous avez trouvés dans ce livre pour élaborer votre propre plan. Je vous encourage aussi à lire les autres ouvrages de la bibliographie pour approfondir vos connaissances et affiner votre stratégie.

Bonne chance dans votre parcours vers une vie plus libre et épanouissante !

Bibliographie

- "Sobriété heureuse : Vivre avec moins pour vivre mieux" - Pierre Rabhi
- "La semaine de 4 heures" - Tim Ferris
- Reddit Financial Independence (en anglais) :

https://www.reddit.com/r/financialindependence/

Une communauté en ligne dédiée à la retraite anticipée et à la liberté financière. Les membres partagent leurs histoires, leurs conseils et leurs expériences sur la manière de parvenir à la retraite anticipée.

- Early Retirement Now (en anglais) :

https://earlyretirementnow.com/

Un blog sur la retraite anticipée qui propose des analyses détaillées, des conseils et des stratégies pour atteindre l'indépendance financière et la retraite anticipée.

- Money Mustache (en anglais) :

https://www.mrmoneymustache.com/

Un blog sur la gestion financière personnelle et la retraite anticipée. Le fondateur, Pete Adeney, a pris sa retraite à l'âge de 30 ans et partage ses conseils pour atteindre la liberté financière et la retraite anticipée.

- La chaîne Youtube "L'argent & le bonheur" :

https://www.youtube.com/channel/UCv63lYEpCz4Ld8W4NtOJ53w

Une chaîne française qui propose des conseils pratiques pour économiser de l'argent, investir intelligemment et atteindre la liberté financière.

- Le blog "Financial Samurai" de Sam Dogen :
https://www.financialsamurai.com/

Sam Dogen est un ancien banquier d'investissement qui a pris sa retraite anticipée à l'âge de 34 ans. Il partage ses astuces pour atteindre l'indépendance financière et vivre une vie de qualité sans avoir à travailler à temps plein.

- FIRE France : https://firefrance.fr/

Une association française dédiée à la retraite anticipée et à la liberté financière. Ils organisent des événements, des ateliers et des rencontres pour aider les personnes intéressées par la retraite anticipée à atteindre leurs objectifs.

Ces sources devraient vous aider à en savoir plus sur l'indépendance financière et la retraite anticipée. Il est important de noter que chaque situation financière est unique, et que les stratégies qui ont fonctionné pour une personne peuvent ne pas fonctionner pour une autre. Il est donc important de prendre le temps de bien réfléchir et de planifier sa retraite anticipée en fonction de sa propre situation financière.

Annexes

Test de connaissances

Bienvenue à ce test QCM sur la RETRAITE ANTICIPÉE - les stratégies gagnantes pour quitter votre emploi plus tôt. Si vous vous intéressez à l'early retirement et que vous cherchez à évaluer vos connaissances sur ce sujet, ce test est fait pour vous. Le but de ce test est de vous aider à faire un point sur vos connaissances en la matière. Il est composé de 15 questions à choix multiples qui couvrent différents aspects de l'early retirement. Vous trouverez les réponses à la fin du test ainsi qu'une grille d'analyse qui vous permettra d'évaluer votre niveau de connaissance sur l'early retirement. Nous espérons que ce test vous sera utile et informatif. Bonne chance !

Questions :

? 1 - Qu'est-ce que l'early retirement ?
a) Une stratégie pour quitter son emploi plus tôt
b) Un programme pour améliorer ses compétences professionnelles
c) Une méthode pour augmenter son salaire

? 2 - Quelle est la première étape pour planifier une early retirement ?
a) Économiser de l'argent
b) Trouver un nouveau travail
c) Établir ses objectifs financiers

? 3 - Quelle est la règle des 4% dans l'early retirement ?
a) Il est recommandé de retirer 4% de son épargne chaque année
b) Il faut économiser au moins 4% de son salaire chaque mois

c) Les taux d'intérêt ne doivent pas dépasser 4%

? 4 - Qu'est-ce que le "coasting" dans l'early retirement ?
a) Vivre avec moins pour économiser plus
b) Changer de travail régulièrement pour obtenir des augmentations de salaire
c) Réduire ses dépenses en travaillant moins

? 5 - Qu'est-ce que la règle des 25x dans l'early retirement ?
a) Il faut économiser 25 fois ses dépenses annuelles pour prendre sa retraite
b) Il est recommandé de dépenser 25% de son salaire en économies
c) Il faut atteindre 25 ans d'ancienneté dans une entreprise pour prendre sa retraite

? 6 - Quelle est la différence entre l'early retirement et la retraite traditionnelle ?
a) L'early retirement permet de quitter son emploi plus tôt
b) La retraite traditionnelle est financée par l'employeur
c) Il n'y a pas de différence significative entre les deux

? 7 - Qu'est-ce que le "side hustle" dans l'early retirement ?
a) Un travail supplémentaire pour augmenter ses revenus
b) Une méthode pour économiser sur ses dépenses
c) Un programme de formation pour apprendre de nouvelles compétences

? 8 - Quel est le principal avantage de l'early retirement ?
a) Pouvoir profiter de la vie avant d'être trop âgé
b) Économiser de l'argent sur les frais de retraite
c) Avoir plus de temps libre pour voyager et poursuivre des passions

? 9 - Quel est le principal inconvénient de l'early retirement ?

a) Le risque de ne pas avoir assez d'argent pour subvenir à ses besoins

b) La pression sociale pour continuer à travailler

c) La difficulté de trouver un nouvel emploi si on souhaite retourner au travail

? 10 - Qu'est-ce que l'investissement passif dans l'early retirement ?

a) Un investissement dans des entreprises en difficulté

b) Un investissement dans des fonds communs de placement à faible coût

c) Un investissement dans des biens immobiliers

? 11 - Quelle est la principale méthode pour atteindre l'early retirement ?

a) Économiser de l'argent dès le plus jeune âge

b) Investir dans des actions risquées pour obtenir des rendements élevés

c) Travailler plus pour gagner plus d'argent

? 12 - Comment peut-on réduire ses dépenses pour atteindre l'early retirement plus rapidement ?

a) En mangeant moins de viande

b) En renonçant aux vacances

c) En réduisant les coûts de transport

d) En réduisant les frais de logement et en vivant modestement

Réponses :

1 - a. Une stratégie pour quitter son emploi plus tôt

2 - c. Établir ses objectifs financiers

3 - a. Il est recommandé de retirer 4% de son épargne chaque année

4 - c. Réduire ses dépenses en travaillant moins

5 - a. Il faut économiser 25 fois ses dépenses annuelles pour prendre sa retraite

6 - a. L'early retirement permet de quitter son emploi plus tôt

7 - a. Un travail supplémentaire pour augmenter ses revenus

8 - c. Avoir plus de temps libre pour voyager et poursuivre des passions

9 - a. Le risque de ne pas avoir assez d'argent pour subvenir à ses besoins

10 - b. Un investissement dans des fonds communs de placement à faible coût

11 - a. Économiser de l'argent dès le plus jeune âge

12 - d. En réduisant les frais de logement et en vivant modestement

Grille d'analyse :

- 1 à 5 réponses correctes : Connaissance limitée de l'early retirement
- 6 à 10 réponses correctes : Bonne connaissance de l'early retirement
- 11 à 13 réponses correctes : Très bonne connaissance de l'early retirement
- 14 à 15 réponses correctes : Expert de l'early retirement

N'oubliez pas que ce test n'est qu'un guide général et qu'il est possible que certaines personnes aient des connaissances plus approfondies dans certains domaines de l'early retirement que dans d'autres.